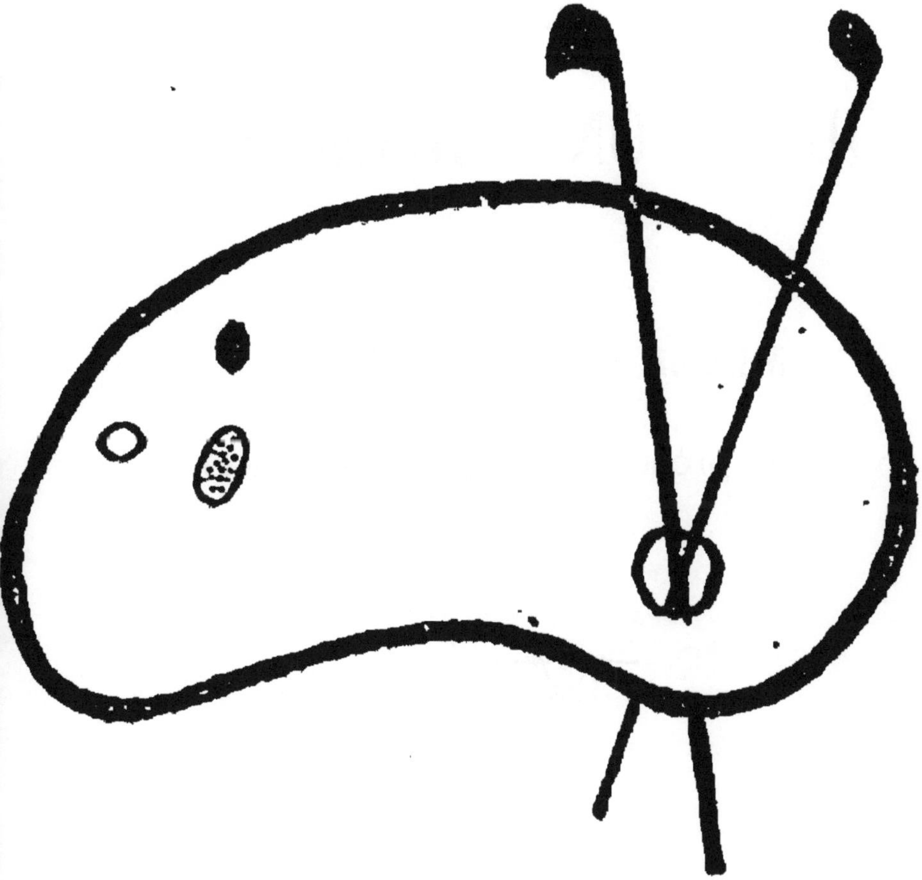

L'ARMÉNIE

ET

LA QUESTION ARMÉNIENNE

PAR

Mikaël VARANDIAN

Avec une préface de VICTOR BÉRARD

LAVAL

IMPRIMERIE MODERNE, G. KAVANAGH ET Cie

57, place de la Préfecture, 57

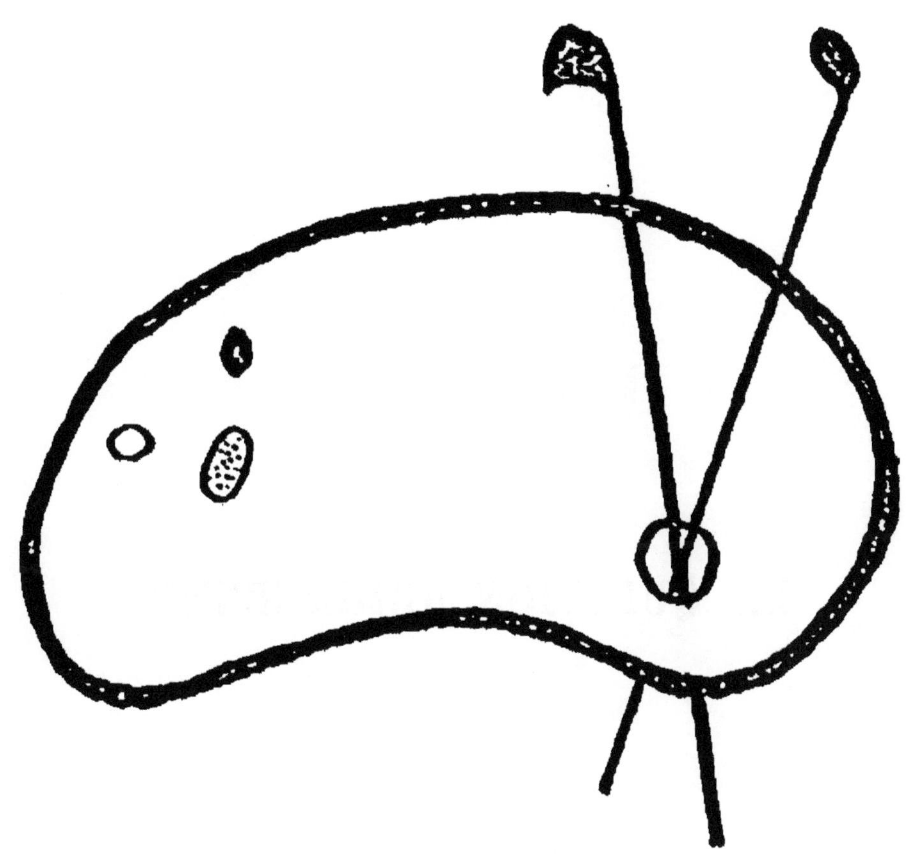

FIN D'UNE SERIE DE DOCUMENTS
EN COULEUR

L'ARMÉNIE

ET

LA QUESTION ARMÉNIENNE

L'ARMÉNIE

ET

LA QUESTION ARMÉNIENNE

PAR

Mikaël VARANDIAN

Avec une préface de VICTOR BÉRARD

LAVAL
IMPRIMERIE MODERNE, G. KAVANAGH ET Cie
57, place de la Préfecture, 57

PRÉFACE

Œuvre d'un Arménien dont la vie ne fut qu'une lutte sans trêve pour la libération politique et sociale de son peuple, ce petit livre est publié sous les auspices de la Délégation Nationale Arménienne *qui, depuis cinq ans, représente en Europe et en Amérique le Chef spirituel de la Nation tout entière, ce Patriarche suprême (Catholicos) d'Etchmiadzine, en qui tous les Arméniens des deux mondes, sans distinction de culte ni de partis, voient l'organe de la pensée et le défenseur des traditions nationales. L'auteur est un socialiste convaincu. La* Délégation *a des convictions libérales. Le Patriarche est un Prêtre du Christ, un chef de clergé. Tous sont des Arméniens qui vivent pour libérer ceux des pays ottomans où la race et la langue arméniennes ont survécu à tous les massacres.*

Écrit en français, ce livre s'adresse à tous les Français d'abord, puis à leurs Alliés et à ceux des neutres qui, dans la langue de Verdun et de la Marne, continuent de saluer la mère des Droits de l'Homme et des peuples. Mais sachant que pour les Alliés victoire et libération de l'Arménie sont désormais synonymes, l'auteur s'adresse tout spécialement aux conducteurs les plus avancés de l'opinion occidentale et aux gérants responsables de la Révolution russe. Le sort de l'Arménie et la vie des Arméniens sont entre les mains de ceux qui, en France et au dehors, se revendiquent des Jaurès et des Pressensé et entendent conformer leur conduite aux enseignements de ces deux maîtres. Ce sont eux qui, en France et au dehors, peuvent et doivent agir : sur eux, retomberait le sang de l'Arménie.

Car il ressort de ce livre que la longue et pénible route qui doit mener les hommes et les peuples d'aujourd'hui à la Société des Nations d'abord, à la Société des Hommes ensuite, comporte trois étapes successives : d'abord, l'unification géographique de chaque nation, puis sa libération politique et sociale, enfin la fédération juridique de toutes. Arménie ou Pologne, il est des nations qui ont encore à faire toute la route : il leur faut conquérir et leur unité géographique et leur libération nationale. Elles ne peuvent conquérir l'une et l'autre que sur les gouvernements et les nations de proie qui mettent leur raison de vivre dans la domination et dans l'exploitation des peuples conquis.

Il n'y aura ni Arménie, ni Pologne, si les gérants responsables de la Révolution russe ne veulent pas voir où sont les premiers promoteurs et les éternels bénéficiaires des partages polonais et des massacres arméniens : les massacres se renouvelleront, les partages se perpétueront, aussi longtemps que, sur la Mittel-Europa *et sur l'Asie Levantine, le militarisme prussien étendra son réseau de féodalité.*

Sur la ligne de Dantzig à Mossoul, c'est l'avenir de toutes les démocraties qui se joue, mais d'abord l'avenir de la démocratie russe et des démocraties arménienne et polonaise.

Toutes les nations occidentales des deux rives de l'Atlantique sont unies désormais par la vision inoubliable des forfaits et des ambitions de ce militarisme prussien. Dans l'avenir, comme dans le présent, elles arriveront à se défendre, a maintenir leur idéal, sinon leur bonheur de vie. Mais nous reverrons un Tsar à Pétrograd, si les Tsars de Berlin et de Stamboul subsistent, et sur le monde du Levant, régnera la force organisée que

Berlin nomme le Droit. Pour la dixième fois dans l'histoire peut-être, l'Arménie est aujourd'hui le champ de bataille entre la civilisation et la barbarie. L'heure est venue pour les révolutionnaires russes de dire le parti qu'ils entendent aider de leurs armées ou de leur inaction.

Le 20 Juin 1917.

VICTOR BÉRARD

L'ARMÉNIE

ET

LA QUESTION ARMÉNIENNE

Dans ces jours de crise et d'espérance, où nous assistons à la résurrection des nationalités opprimées, l'Arménie se dresse à nouveau devant la conscience universelle, entourée de l'auréole du plus grand martyr de l'Histoire.

Jamais peuple n'a enduré autant de souffrances que les Arméniens durant les longs siècles de leur existence, et surtout au cours de cette guerre mondiale. Et ce qui rend le sort de ce peuple particulièrement tragique, c'est que ses désastres restent en grande partie cachés au public européen, aucun correspondant n'ayant pu pénétrer dans les lointaines et sombres régions où s'est déroulée l'incroyable tragédie arménienne.

Ce pays, jadis indépendant, a connu des moments de grandeur et de prospérité. Mais, en dehors de ces périodes de fortune éphémère, toute l'histoire d'Arménie n'est qu'une longue suite d'oppressions et d'horreurs.

Située entre les grands Empires, perpétuellement en proie au fer et au feu de l'étranger, l'Arménie fut presque toujours déchirée, divisée ou asservie.

Mais, — et c'est là un des phénomènes les plus étonnants de l'histoire, — au milieu de ces flots intarissables d'invasions et de barbaries, le peuple arménien, doué d'une vitalité hors ligne, a su garder intacte sa nationalité, sa langue, sa religion, son goût pour les lettres et les arts et son profond attachement à l'idéal occidental.

De sorte qu'aujourd'hui, lorsqu'elle voit poindre à l'horizon l'aurore de sa libération définitive et lorsque ces ennemis jurés, la tyrannie ottomane et l'absolutisme tsariste s'écroulent à jamais, la nation arménienne, en dépit de ses épreuves cruelles, malgré la ruine du pays, le massacre d'un million de ses membres, est en train de se refaire, et elle constitue toujours un grande force de culture et de progrès dans son pays.

Quel est ce pays ?

I

Géographie. — Climat et Richesses naturelles

C'est une vaste contrée de l'Asie Occidentale, un plateau de hautes montagnes, entre la Mer Caspienne, la Mer Noire et la Méditerranée. La superficie en égale à peu près celle de la France.

Les monts Arméniens, Ararat, Taurus, etc, (le premier dépassant en hauteur le Mont Blanc) donnent naissance à l'Euphrate, au Tigre, au Kour et à l'Araxe. De là la légende qui place le paradis terrestre dans cette région. Le massif gigantesque d'Ararat sépare les trois portions de l'Arménie historique, qui appartiennent respectivement à la Russie, à la Turquie et à la Perse.

Le climat est généralement froid dans ce pays montagneux ; cependant dans les vallées et dans les plaines, l'air est plus tempéré et le sol plus fertile. Suivant Elisée Reclus (« Géographie Universelle »), la vaste contrée Bassène-Alachkert est une des régions les plus riches, les plus fertiles du monde. C'est pour cette raison que le Grand-Duc Nicolas, naguère Vice-Roi du Caucase, voulait à tout prix coloniser cette vaste zone par des cosaques ou des paysans russes.

A l'autre extrémité, la *Cilicie* (littoral Méditerranéen avec le port de Mersine) peut devenir, suivant Rohrbach, le célèbre voyageur allemand, un des plus riches greniers de coton. L'ardent pangermaniste a fait à ce sujet une savante étude et il caressait la pensée de voir un jour l'Allemagne définitivement établie dans ces régions traversées par le *Bagdadbahn*, afin d'utiliser les richesses inépuisables...

Il y a enfin toute la plaine de Mouch, (pour ne parler que de ces trois régions, complètement dévastées par les hordes sauvages), où le sol est infiniment fertile et les récoltes abondantes.

On récolte en Arménie toutes espèces de céréales et de produits, vins, fruits, tabac, coton, etc. Les montagnes récèlent des mines d'or, d'argent, de cuivre, de fer et de plomb, de sel et des sources de naphte peu exploitées.

La faune et la flore sont aussi très riches et variées en Arménie.

Le spectacle de la nature, traversée par les Alpes arméniennes, est grandiose et impressionnant. *Lynch*, le savant touriste anglais, qui a trois fois parcouru ce pays, dit, dans une charmante évocation, en préface à la traduction russe de son ouvrage monumental (1).

« Ces massifs gigantesques, ces cimes élancées et escarpées, ces vastes horizons, ces perspectives infinies, ces eaux limpides et chantantes, pareilles à de douces et sublimes mélodies, font vibrer éternellement l'âme de tous les voyageurs qui ont parcouru l'Arménie. »

II

Histoire

Les origines de la nation arménienne, comme celles de presque toutes les autres nations, sont obscures. Suivant la légende, le premier chef de la nation *Haïk*, quitta Babylone 22 siècles environ avant notre ère et vint se fixer, avec sa famille, dans les montagnes de l'Arménie méridionale.

(1) — Armenia, Travels and Studies.

Le peuple entier adopta son nom, et par suite les Arméniens eux-mêmes s'appelèrent *la nation haïkane.*

D'après *Hérodote*, la souche des Arméniens est *phrygienne.*

« Les Phrygiens, alliés de Xerxès, avaient un armement semblable à celui des Paphlagoniens. Une tradition macédonienne affirme que les Phrygiens se trouvaient d'abord en Europe, dans le voisinage de la Macédoine. A ce moment, ils se nommaient *Brig.* Les Arméniens, descendants des Phrygiens, étaient armés comme eux. » (1)

Strabon confirme le témoignage d'Hérodote et fait venir les Arméniens directement de la Thessalie. « Armen, dit-il, natif d'Arménion, ville de Thessalie qui se trouve sur le lac de Bobée, navigua en compagnie de Jason vers le pays qui fut appelé ensuite Arménie, d'après le nom d'Armen » (2).

Les historiens arméniens n'acceptent qu'avec réserve ces témoignages grecs.

De toute façon, le peuple arménien est une branche de la race indo-européenne, de la grande

---

(1) — Histoire des Anciens Arméniens, par Dolens et Khatch.
(2) *Idem.*

famille Aryenne. La langue arménienne est cousine germaine du Zend, du grec, du latin.

A l'aurore de leur histoire, les Arméniens sont aux prises avec les Assyriens, ensuite avec la vieille Perse, au joug de laquelle ils sont soumis pour une période de deux siècles.

Puis l'Arménie partage le sort de tout l'Orient, placé sous le sceptre d'Alexandre le Grand. Et lorsque les Romains font leur apparition en Asie, les Arméniens engagent contre Rome une lutte qui dure, avec de courtes interruptions, jusqu'aux derniers temps de l'Empire.

L'Arménie vit des jours de splendeur sous son roi *Tigran le Grand* (89-36 av. J. C.), qui annexa la Syrie et plusieurs provinces de l'Asie Mineure, conquit toute la Mésopotamie, étendit sa domination jusqu'à la Palestine et voulut soumettre tous les peuples d'Asie à sa domination. L'Arménie tenait alors un des premiers rangs parmi les Puissances de l'Asie et les princes de Perse eux-mêmes cédèrent à Tigran le titre de Roi des Rois.

Ce fut une gloire passagère ; le peuple haïkn ne pouvait tenir longtemps devant la poussée irrésistible des légions romaines. Lés Arméniens se battirent contre les meilleurs généraux romains, Sylla, Lucullus, Pompée, Antoine, Marc-Aurèle.

C'est Lucullus qui battit l'armée de Tigran le Grand, — et depuis ce temps l'Arménie ne put jamais se relever. Bientôt elle se trouva partagée entre ses deux puissants voisins ; Byzance (Empire d'Orient) et la Perse. Les Rois d'Arménie devinrent de simples vassaux.

Les luttes continuèrent après la chute de l'Empire Romain. La situation de l'Arménie s'aggrava, lorsque d'emblée elle embrassa le christianisme (au commencement du IVe s.). Fait immense dans l'évolution des destinées arméniennes ! De ce fait, les Arméniens inclinaient vers le monde occidental et en même temps creusaient un abîme infranchissable entre eux et le monde environnant. Le mazdéïsme persan leur en voulut. Et voici que vers la fin du cinquième siècle, un roi de Perse de la dynastie Sassanide essaie de forcer l'Arménie à se convertir au mazdéïsme, afin de l'assimiler et l'absorber une fois pour toutes. Les Arméniens se révoltent, tout le peuple court aux armes. Le général *Vartan Mamikonian* se met à la tête de l'armée nationale, livre une grande bataille sur la plaine d'Avaraïr, met l'ennemi en déroute et brûle les temples qu'il avait élevés. Vartan tombe dans la bataille, mais sa cause finit par triompher.

Cette victoire du christianisme sur le monde païen est célébrée chaque année par les Arméniens du monde entier, comme une fête nationale. Ce ne fut pas une simple guerre de religion, mais un grand mouvement d'affranchissement national; et cette date glorieuse constitue une des plus grandes étapes de l'organisation de la nationalité arménienne, comme collectivité consciente d'un idéal supérieur. Par ce fait encore, le petit peuple se séparait de l'Asie et inclinait franchement vers la culture européenne.

III

Invasions

La domination de la *Perse sassanide* s'éteint dans la première moitié du septième siècle.

Survient bientôt l'invasion des *Arabes*, dont la domination en Arménie dure quatre siècles (jusqu'au milieu du XIe s.).

Après les Arabes, ce fut le tour des *Turcs Seld-*

joukides (depuis la seconde moitié du onzième siècle jusque vers la fin du douzième).

Après les Seldjoukides, les *Mongols* (depuis la première moitié du treizième siècle jusque vers le milieu du quinzième).

Enfin, vers le milieu du xve s., l'Arménie fut envahie par les *Turcs Osmanlis.* Avec eux commence la période moderne de l'histoire arménienne pendant laquelle l'Arménie, ayant perdu les derniers restes de son indépendance, est partagée entre la Turquie et la Perse, et, depuis un siècle, entre ces deux Puissances et la Russie.

Ainsi donc, chaque fois que les barbares se précipitaient du fond de leurs déserts ou de leurs steppes, sur l'Asie occidentale, et de là sur l'Europe, l'Arménie était un des premiers pays qui recevait un choc formidable et subissait le joug.

Durant les longues péripéties de ce drame, unique peut-être dans les annales du monde, le peuple arménien a fait ce que fait ordinairement la force intelligente devant la puissance brutale : il s'est plié à la domination arabe, seldjoukide, mongole et turque ; mais il a continué, véritable îlot dans l'océan musulman, à garder jalousement sa religion et sa nationalité.

Après chaque invasion, l'Arménie était ravagée

de fond en comble, sa population décimée, sa culture anéantie.

Voici comment les horreurs de l'invasion des Mongols (vers l'an 1230) sont décrites par un historien arménien contemporain (Kirakos) :

« Les hordes sauvages arrivèrent avec leurs « femmes, enfants et les bagages de campement... « Elles firent dévorer tout ce qu'il y avait de ver- « dure dans les champs par leurs chameaux et leurs « bestiaux... Les Tartares, répandus en tous lieux, « sur les plaines, sur les montagnes, dans les val- « lées, étaient semblables à des sauterelles ou à la « pluie qui tombe à torrents dans les campagnes.

« Quel spectacle que celui de ces affligeantes « calamités, propres à arracher des larmes ! Cha- « cun voyait apparaître son dernier jour et se « sentait le cœur paralysé. Les enfants effrayés « se réfugiaient dans les bras de leurs parents, et « les parents se donnaient la mort avec eux, « avant même que les ennemis leur fissent subir « le supplice... Un glaive inexorable immolait « hommes, femmes, enfants, vieillards, évê- « ques, prêtres, diacres et clercs. Les enfants à la « mamelle étaient écrasés contre les pierres, les « jeunes filles parées de leur beauté étaient traî- « nées en esclavage.

« Les Tartares, avec leur aspect hideux cou-
« raient au carnage comme à une noce ou à une
« orgie. Partout des cadavres auxquels personne
« ne donnait la sépulture... L'Eglise se voila de
« deuil, la voix des chantres ne se fit plus enten-
« dre et les cantiques ne retentirent plus. La con-
« trée était comme couverte d'un brouillard
« épais »...

Ce sont là des faits bien anciens, qui se sont passés au XIIIe siècle, mais des scènes semblables, dans des proportions plus grandes et avec des cruautés plus raffinées se sont produites hier encore, sur cette même terre d'Arménie, par ordre du Gouvernement Jeune Turc, sous les regards impassibles de l'Allemagne. !

L'Arménie conserve encore des monuments remarquables de ces invasions de jadis ; telles les ruines splendides d'Ani, la Pompéï arménienne, capitale de la dynastie Bagratide, à une vingtaine de kilomètres d'Etchmiadzine, au pied du mont Ararat. (Etchmiadzine, célèbre monastère arménien du IVe siècle, est le siège du Catholicos, Patriarche suprême des Arméniens).

IV

La Cilicie et le rôle des Arméniens durant les Croisades

A la suite de l'invasion des Turcs Seldjoukides, qui ravagèrent le pays et le noyèrent dans le sang, un grand nombre d'Arméniens, conduits par le Prince Roubène, se dirigèrent vers la lointaine Cilicie (dans la région du Taurus). C'était le temps des Croisades. A peine les Croisés furent-ils parvenus sur les confins de la Cilicie que les Arméniens du Taurus saluèrent avec enthousiasme l'arrivée de ces frères d'Occident, qui venaient « relever la croix abattue et chasser les barbares infidèles ». Dès lors commencèrent les rapports entre Arméniens et latins. Les Arméniens combattirent avec ces derniers sur presque tous les champs de bataille. En récompense de cette assistance, les papes et empereurs d'Occident érigèrent en royaume la modeste principauté de Roubène.

Le Pape Grégoire XIII, dans une bulle datée de 1383, rendit un solennel hommage aux Arméniens dans les termes suivants : « Nulle nation, « plus promptement et avec plus de zèle que « les Arméniens, ne leur prêta son aide (aux « Croisés) en hommes, en chevaux, en subsis« tances, en conseils ; avec toutes leurs forces et « avec la plus grande bravoure et fidélité ils aidè« rent les chrétiens en ces saintes guerres » (1).

Ainsi, une fois encore, les Arméniens servirent les Puissances occidentales, dans leur marche contre la barbarie asiatique.

Les latins s'établirent dans presque toute la Cilicie. On y voyait affluer les marchands de l'Europe méridionale ; le clergé y possédait des monastères. Des seigneurs français remplissaient de grandes charges à la cour des Roubèniens et obtenaient en récompense, des domaines considérables.

Il eut y même, dans cette Cilicie arménienne, plusieurs princes de la Maison française de Lusignan.

Les papes firent tout leur possible pour soutenir l'existence de ce petit royaume arménien, comme rempart contre les retours offensifs des musulmans. Mais les Puissances européennes ne

(1) Ed. Dulaurier, *Bibl. Hist. Arm.*

secondèrent pas les efforts des papes et la Petite Arménie finit par succomber sous les coups des Mameloucks. Les derniers vestiges de l'indépendance de l'Arménie furent détruits et son dernier roi, Léon V de Lusignan, tombé entre les mains des Mameloucks, fut conduit en Egypte, y resta six ans en captivité, puis, étant passé en Europe, vint mourir à Paris, en 1393 et fut enterré dans la Basilique de Saint-Denis, sépulture de Rois de France.

V

Milieu et aptitudes de la race

Le contraste est absolu entre l'élément arménien et son milieu ethnographique. Un petit fragment de race indo-européenne, placé entre des peuplades primitives et nomades appartenant à la race touranienne et professant une religion toute différente :

De là la grande tragédie de l'histoire arménienne. Les envahisseurs turcs, seldjoukides, mongols, osmanlis, se sont successivement établis sur le sol arménien, en hordes guerrières, qui ne savaient manier que l'épée et le cheval ; ils ont campé durant des siècles en Arménie, comme des corps étrangers, incapables de produire, d'assimiler et de gouverner, uniquement fort dans l'art de consommer, d'asservir et de détruire.

Le plus frappant exemple de cette mentalité de toute une race nous est donné par les Turcs ottomans, qui furent maîtres de la plus grande partie de l'Arménie pendant six siècles.

N'ont-ils pas été dès le début réfractaires à toute culture, ne sont-ils pas malheureusement restés depuis cinq siècles, campés sur le vaste territoire, comme un parasite gigantesque, vivant de l'exploitation des peuples assujettis ? N'ont-ils pas détruit, paralysé les modestes cultures grecque, arménienne, slave, sous le poids de leur militarisme, orgueilleux et paresseux ?

« Ils jouissent partout avec l'insouciance des locataires, détruisant tout et ne reconstruisent jamais... » Voilà, suivant *Olivier*, un Français qui fut un des premiers voyageurs dans la Turquie d'Europe, au début du XIXe siècle, le caractère fondamental de la race turque.

« Presque tous les arts, continue le même observateur, sont dans l'enfance chez eux, ou leur sont totalement inconnus... Ils n'aiment pas l'agriculture, qui est entre les mains des Grecs et des Arméniens... On dirait qu'ils se sont installés sur la terre étrangère, uniquement pour consommer, sans effort et sans souci, le bien produit par le travail et l'industrie des autres... » (1)

L'Allemand *Von Hammer*, un des hommes qui ont le mieux connu la Turquie, l'Anglais *Hamilton*, l'Italien *Ubicini* et bien d'autres observateurs impartiaux ont relevé la légendaire paresse et la stérilité de la race Osmanli, tout en reconnaissant ses qualités positives, qui sont des vertus des temps primitifs, un héritage de la vie nomade des ancêtres.

« *Ils détruisent tout et ne reconstruisent jamais...* »

Cette mentalité de « locataire » se manifeste aussi dans les villes. Les Turcs n'ont jamais créé une ville, mais ils ont toujours plus ou moins ravagé celles qu'ils ont rencontrées sur leur route de caravane.

Le Général *de Moltke*, peu suspect de turcophobie, met en relief cet instinct destructeur dans ses fameuses « Lettres de Turquie » écrites en 1835-1839.

---

(1) Olivier. Voyage dans l'Empire Ottoman, publ. 1801-1807, p. 26, 27, 92.

« Les villes turques, dit-il, ont généralement un aspect désert et la ville de Konia est la plus désertes de toutes. La main humaine y fait plus de ravage que le temps... Les musulmans ont converti les églises en mosquées et ces mosquées mêmes ne présentent aujourd'hui que des ruines, De hautes et larges murailles, avec des centaines de tours enclosent un champ désert où l'on voit des ruines. Une grande inscription sur chaque tour dit au voyageur le nom des barbares qui ont commis ces ravages » (1).

Nous ne citons exprès que les auteurs *anciens* qui n'ont pas connu les atrocités turques en Arménie et sont par conséquent exempts des préjugés et de la défiance contre le Turc, qui caractérise certains auteurs modernes.

Halil Ganem, dans son ouvrage sur « Les Sultans Ottomans », nous conte des légendes de cette race, qui sont très suggestives. Une de ces légendes nous dit qu' « Okhouse, l'ancêtre ou le Patriarche des Turcs, n'a donné à ses enfants ni charrue, ni livres, il ne leur a donné que flèche et arc ».

La même légende représente les Turcs comme un peuple guerrier, destructeur et pillard.

(1) Moltke, Briefe aus Türkei. p. 336

L'historien reconnait que ce sont là les trois traits caractéristiques que l'on retrouve chez les descendants et que le progrès accompli depuis des siècles les a à peine adoucis (1).

Mais les Arméniens ont, depuis des temps immémoriaux, un autre voisin, d'origine aryenne celui-là, est non moins redoutable : *le Kurde*. C'est par lui que le Gouvernement turc a organisé la ruine de l'Arménie. La question arménienne a toujours été, dans une large mesure, la question du règlement des rapports arméno-kurdes. Le traité de San Stéfano (article 16) exigeait des réformes afin de garantir la sécurité des Arméniens contre les Kurdes et les Circassiens. Le traité de Berlin (article 61) s'exprimait dans les mêmes termes.

Kurdes et Circassiens ont tous deux les mêmes traits caractéristiques que les hordes primitives. Les uns et les autres sont nomades et pratiquent largement le banditisme.

Strabon mentionne deux fois le Kurde, en le gratifiant du nom de brigand. Xénophon parle, dans son Anabase, des sauvages et vaillants Carduques (Kurdes). Et ces derniers restent à peu

(1) Les Sultans Ottomans, p. 8-9.

près ce qu'ils étaient du temps de Xénophon. Les habitudes de vagabondage et de brigandage persistent dans la plupart des petites tribus, dont se compose ce peuple étrange. Il y a cependant quelques tribus sédentaires et pacifiques, vivant du fruit de leur propre travail. Celles-là ont rendu des services considérables à la population arménienne en accordant asile et protection à un grand nombre d'Arméniens, lors de la dernière catastrophe. D'autres tribus, plus nombreuses, ont partagé avec les Turcs la besogne du bourreau. L'agriculture, les métiers, le commerce, toutes les branches du travail qui demandent des efforts pénibles et persistants et une certaine discipline, sont en mépris chez les Kurdes (quoiqu'il y ait des Kurdes cultivateurs) et ils vivent rarement dans les villes. Le peuple kurde ne s'est pas efforcé de travailler, parce qu'il a eu de tous temps à côté de lui un élément producteur par excellence, *l'Arménien* qu'il pouvait exploiter et spolier infiniment et impunément. Quand il ne peut pas vivre des produits ou de la vente des bestiaux, il frappe et il prend.

Voilà un des facteurs principaux de l'éternel drame arménien.

Mais le Kurde frappe même sans aucune nécessité, pour ainsi dire vitale, poussé uniquement par son caprice débridé, par l'esprit d'aventure, par son désir de possession et de domination. Il suffit de se rappeler les cas innombrables d'enlèvements de jeunes filles arméniennes.

Et ainsi l'histoire, depuis de longs siècles, a assisté au déroulement de l'antagonisme sanglant de deux races aryennes, partageant le même milieu géographique, possédant le même sol, ayant les mêmes conditions climatériques, l'une produisant, et l'autre s'appropriant, l'une attachée à sa terre, à sa charrue, à sa caravane, intelligente et laborieuse, possédant une langue riche et une littérature, dès le IVe siècle, aspirant à sortir de son enfer asiatique pour aller à la civilisation occidentale, poursuivant à travers mille obstacles sa mission d'intermédiaire entre l'Orient et l'Occident ; l'autre, fragment de l'humanité préhistorique, vivant toujours dans l'âge pastoral, n'ayant aucune trace de culture, manquant même d'un alphabet, méprisant le travail créateur, tenant le banditisme pour le plus noble des métiers, le vol et le brigandage pour la suprême vertu, féroce et par dessus tout encouragée, soutenue par la race dominante, dont elle partage la religion, armée jusqu'aux dents, semant tous les jours l'épouvante et la mort par ses razzias perpétuelles, arrêtant les caravanes, pillant, violant assassinant le « raya », son esclave, qu'un despotisme sans scrupule lui a livré désarmé, sans défense !

Il est impossible de trouver une situation plus tragique et un martyrologe plus poignant dans l'histoire des sociétés humaines.

Et c'est un grand problème sociologique que cette éternelle immobilité de la race kurde, qui ne manque cependant pas de qualités positives, cette humeur éternellement inquiète, pareille à celle des Tziganes que la civilisation européenne ne parvient pas à domestiquer.

C'est aussi un grand problème politique qui se posera demain devant l'Europe poursuivant la réalisation de ses vastes projets, dans ces régions lointaines d'Anatolie et de Mésopotamie, où des masses de Kurdes sont fixés avec leurs habitudes invétérées de vie nomade, de razzias et de brigandage.

Voyons maintenant ce que rapportent les savants voyageurs européens, — et quelques-uns des plus anciens, — sur les particularités de la race arménienne.

Citons d'abord leurs témoignages sur la classe

du peuple arménien qui sert souvent de cible aux publicistes turcophiles, la *classe commerçante.* Les historiens les plus anciens ont enregistré les exploits et la valeur de ces commerçants arméniens qui, par leur esprit d'initiative, leur hardiesse et leurs entreprises, ont cherché depuis les temps les plus reculés, à développer le commerce dans toute l'Asie antérieure et, par cela même, ont été, avec les Phéniciens et les Grecs, les pionniers de la civilisation en Orient.

Huet rapporte, dans son *Histoire du Commerce et de la Navigation* (1), en se basant sur les données de Strabon et d'Hérodote :

« Les Arméniens se servaient du Tigre et de l'Euphrate pour trafiquer avec la Perse. Ils allaient à Babylone le long de l'Euphrate, dans des bateaux de cuirs ronds et légers. La Mer Caspienne, le Pont Euxin fournissaient aux Arméniens les marchandises qu'ils débitaient en Perse. Par là, non seulement le trafic du Nord se faisait en Perse, mais encore celui des Indes et de la Chine, dont les marchandises descendaient dans la mer Caspienne par la rivière d'Oxus et, de cette Mer, en remontant le fleuve Cyrus, s'approchaient

(1) Publiée en 1716.

du Pont Euxin (Mer Noire), d'où elles se répandaient dans toute l'Europe. »

Pitton de Tournefort, un des premiers Français qui aient visité le plateau d'Arménie (au commencement du XVIIIe siècle), fait l'éloge le plus enthousiaste du peuple arménien et spécialement de ses éléments commerçants.

« Ils sont les meilleurs gens du monde, honnêtes, polis, pleins de bon sens et de probité. Ils ne se mêlent que de leur commerce et s'y appliquent avec toute l'attention dont ils sont capables. Non seulement ils sont les maîtres du commerce du Levant, mais ils ont beaucoup de part à celui des grandes villes de l'Europe. On les voit venir du fond de la Perse jusqu'à Livourne. Il n'y a pas longtemps, il se sont établis à Marseille. Combien en trouve-t-on en Hollande, en Angleterre? Ils passent chez les Mongols, à Siam, à Java... Les Arméniens de Julfa sont devenus les plus célèbres commerçants de la terre » (1).

Olivier dit, dans son *Voyage dans l'Empire Ottoman* :

« Ce sont les Arméniens qui, dans l'Empire Ottoman, font le plus grand commerce et qui le

(1) P. de Tournefort. Relation d'un Voyage du Levant, publié à Amsterdam en 1718, t. II, p. 389-391.

font avec le plus d'intelligence. Ils sont patients, économes, infatigables. Ils voyagent dans l'intérieur de l'Asie et dans l'Inde ; ils ont des magasins et des correspondants partout. La plupart exercent des arts mécaniques et, en cherchant à gagner le plus possible, ils manquent rarement à leurs engagements et sont exacts à remplir leurs promesses. Austères dans leurs mœurs, ignorants et superstitieux, il ne leur manque que l'instruction et un Gouvernement moins oppressif et plus juste pour devenir un peuple infiniment estimable » (1).

Ces citations pourraient être multipliées.

N'oublions pas que le commerce n'a jamais été l'occupation principale des populations arméniennes, que l'immense majorité de la nation (85-90 0/0) s'est vouée de tous temps à l'agriculture et aux petits métiers, soit en Turquie, soit au Caucase ou en Perse ; *les Arméniens sont avant tout, cultivateurs et artisans.*

Voici en quels termes le même Tournefort parle d'Erivan et de ses environs. (Nous sommes toujours au début du XVIIIe siècle et cette ville était alors la capitale de l'Arménie Persane).

« La ville d'Erivan est remplie de vignes et de

(1) Voyages dans l'Empire Ottoman.

jardins. Les prairies sont entremêlées d'arbres fruitiers et de vignobles. Les bourgeois y produisent de fort bon vin, en dépit du froid intense qui n'est pas pour favoriser la culture de la vigne. La vallée est arrosée par de belles sources et les maisons de campagne sont presque aussi nombreuses qu'aux environs de Marseille. Les meilleures terres sont couvertes de graines de coton et de riz ».

Voici encore *Elisée Reclus*, pour citer une opinion plus récente :

« A Erzeroum, de même qu'à Constantinople, dit l'illustre géographe, les Arméniens se distinguent par un esprit plus ouvert et plus libre, un plus grand amour de l'instruction, plus d'initiative dans le commerce et l'industrie. Dans le vilayet de Van, pas une maison qui ne soit construite par eux, pas une étoffe indigène qu'ils n'aient tissée, à peine un fruit qui ne vienne de leurs jardins » (1).

Certains Européens ont la singulière méthode de juger tout un peuple par quelques individus, commerçants ou sarrafs des grands centres Constantinople ou Smyrne, individus qui ont des défauts inhérents à leur profession et non point particuliers à leur race. Même dans les grands centres de com-

(1) Asie Antérieure.

merce, les Arméniens ressemblent plutôt encore aujourd'hui à l'image que traçait d'eux Tournefort. Les témoignages des voyageurs plus récents, ceux de Bryce, de Lynch, de Contenson, de Victor Bérard, de Léopold Favre de Lepsius, de Rohrbach, concordent avec l'opinion des plus anciens.

L'Europe, par la plume de ses meilleurs observateurs, a depuis longtemps reconnu que le peuple haïkan, ce peuple d'agriculteurs, d'artisans et de commerçants, représente un puissant élément de civilisation dans son milieu géographique.

C'est le savant allemand *Haxthausen* qui écrivait, il y a quelque 70 ans, dans son étude volumineuse intitulée : *Transcaucasia* :

« On dirait que la race arménienne forme une sorte de levain (Sauerteig) qui fut jeté au milieu des éléments de fermentation en Asie, afin de rénover et réveiller les germes presque morts de la vie intellectuelle » (1).

Presqu'à la même époque, *Lamartine*, Ministre des Affaires Etrangères de la seconde République, inaugurant à Paris le Collège Arménien *Mouradian Varjaran*, adressait les paroles suivantes à l'assistance arménienne :

« La République Française envisage la grande

(1) A. Haxth. Transkaukasia, t. I, p. 292.

question de la régénération orientale... Vous êtes l'un des plus puissants rameaux de la nationalité orientale, dont les germes se développent en France... L'étude de votre belle langue arménienne est utile aux Français et réciproquement » (1).

Le grand poète avait lui aussi, fait un voyage et un long séjour en Orient.

Le commerce avec les pays occidentaux, qui prit une grande extension après l'établissement, des croisés en Cilicie, eut pour résultat la formation d'une vaste Diaspora arménienne, de colonies un peu partout, à Venise, à Marseille, à Amsterdam, en Angleterre, pour ne parler que de l'Europe. L'échange des marchandises fut suivi par l'échange des idées ; les Arméniens, condamnés à un esclavage dégradant dans leur pays d'origine, cherchèrent à instituer en Europe de petits centres de culture qui tôt ou tard devaient rayonner sur les ténèbres de la Patrie. Ça et là des imprimeries furent fondées et des livres furent publiés en langue arménienne. C'est ainsi que prit naissance, au commencement du XVIIIe siècle, sur les lagunes de Venise, à Saint-Lazare, la célèbre *Congrégation*

(1) Lamartine, discours lors de l'inauguration du Collège Arménien Samuel Moorat.

Mékhitariste, laquelle se donna pour mission de travailler, par la publication de livres, par la fondation d'écoles, à la régénération intellectuelle de l'Arménie.

VI

Littérature. — Le Mouvement des Idées

La littérature arménienne, dit le savant arméniste français Ed. Dulaurier, se recommande par le nombre et la valeur des monuments historiques qu'elle a produits. « Depuis le commencement du IVe siècle jusqu'à nos jours, ces monuments se continuent par une succession non interrompue, véritable chaîne d'or qui rattache le Monde Ancien à celui où nous vivons. Les auteurs arméniens sont les meilleurs guides et l'on pourrait dire, les seuls qu'ait l'Orient pour l'étude des faits qui se sont accomplis dans l'Asie Occidentale, à l'époque où elle obéissait presque toute entière aux Sassanides.

Deux tendances fondamentales dominent cette histoire de la littérature arménienne : si d'un côté l'Arménie se rattachait à l'Orient, de l'autre, elle fut en communication non moins étroite avec le Monde Occidental.

Déjà à l'époque de Tigrane le Grand, un demi siècle avant notre ère, l'influence de l'hellénisme, favorisée par la Cour Royale, s'implantait dans la nouvelle capitale de l'Arménie à Tigranokerte. Plus tard, le christianisme entraîna les Arméniens vers la culture et vers un amour passionné des lettres grecques. Dès lors, la littérature et la pensée de l'Arménie intellectuelle, reflétant le mouvement politique, ont toujours flotté entre ces deux influences orientale et occidentale. Orientaux par leur situation géographique et leurs traditions, les Arméniens furent transformés et imprégnés d'hellénisme par leur éducation littéraire et religieuse » (1).

Les écrivains arméniens des temps anciens et du Moyen Age sont tous inspirés d'un sentiment très vif de nationalité. Déjà au ve siècle, la guerre d'affranchissement des Arméniens contre la Perse mazdéïste et la glorieuse épopée du héros national Vartan donnèrent naissance à une belle œuvre d'Eguiché, d'un puissant souffle patriotique qui,

---

(1) Ed. Dulaurier. Bibliothèque Historique Arménienne. Paris, 1856.

encore aujourd'hui, continue à inspirer et à enthousiasmer les générations arméniennes.

Un grand nombre d'autres écrivains, depuis le IVe siècle, lorsque fut inventé l'alphabet arménien, décrivaient dans leurs œuvres les actes héroïques de leurs compatriotes et les souffrances qu'ils enduraient sous le joug des envahisseurs.

L'âge d'or de la littérature arménienne est le Ve siècle. St. Sahak et Mesrop, les deux pères de cette littérature, commencèrent par traduire la Bible. « La traduction, exécutée avec un soin, une exactitude et une élégance admirables, est un des plus beaux monuments de cet âge d'or. » (Saint-Martin). Vinrent ensuite leurs élèves : Korune, David le Philosophe, Eznik, Mambré, Eguiché, Lazare de Pharbe, Faustus de Byzance et le célèbre historien Moïse de Khorène.

Nous n'avons pas à énumérer ici tous les écrivains arméniens qui firent leur apparition dans les siècles suivants, au Moyen Age et dans les temps modernes.

Ces écrivains sont aussi originaux lorsqu'ils retracent les Croisades, la part active qu'y prirent leurs compatriotes de Cilicie et le goût dont ceux-ci s'éprirent pour la langue, les constitutions féodales et chevaleresques des Francs. « Il était difficile

« de penser, dit J. St. Martin, le premier et le plus « illustre arménisant français, qu'un peuple dont « la plus grande partie était soumise au joug des « musulmans et l'autre errante et dispersée dans « toutes les parties de l'Ancien Monde, s'occupât « de belles lettres et qu'il possédât une langue « savante, fixée depuis fort longtemps et polie par « un grand nombre d'ouvrages de tous les « genres. » (1)

Mais ce qu'il y a de plus remarquable dans l'histoire de la littérature arménienne, c'est la floraison de la poésie lyrique au Moyen Age, dans les périodes les plus sombres de l'existence nationale. Ici encore, nous préférons citer le témoignage d'un savant étranger. *M. Valéry Brussov*, un des plus grands poètes de la Russie contemporaine, qui a fait une étude approfondie de la littérature et de l'histoire arméniennes, s'exprime dans les termes suivants : (Revue Rousskaïa Mysl, juin 1916) :

« En dépit des horreurs qu'ils ont subies au « cours de leur histoire vingt fois séculaire, les « Arméniens ont créé une culture originale et ont « laissé au monde une des plus riches littératures,

(1) J. Saint-Martin, Mémoires historiques et géographiques sur l'Arménie, p. 16. Paris, 1818.

« malheureusement pas assez étudiée jusqu'ici.
« Les œuvres des historiens arméniens ont, depuis
« longtemps, attiré l'attention et la reconnais-
« sance méritée, vu qu'elles nous fournissent des
« documents que nous ne trouvons pas dans d'au-
« tres sources. »

« Mais la plus grande valeur de la littérature
« arménienne réside peut-être dans la poésie lyri-
« que du Moyen Age, laquelle représente une ma-
« gnifique synthèse de la sobre harmonie grec-
« que et de la fantaisie, du luxe, de la somptuo-
« sité orientales. C'est la synthèse des principes de
« l'Orient et de l'Occident. Nul doute, que lors-
« qu'elle sera portée à la connaissance du grand
« public, la poésie lyrique de l'Arménie médiévale
« ne soit reconnue comme l'un des trésors de
« l'humanité ».

C'est cependant au XIXe siècle que la littérature arménienne eut son plus grand épanouissement, malgré la tyrannie des censures turque et russe. De cette littérature, nous parlerons brièvement plus loin, en indiquant ses rapports avec les grands événements de la vie arménienne.

VII

L'expansion russe et les espérances arméniennes

Le joug séculaire des musulmans (Turcs et Persans) pesait d'un poids terrible sur les populations arméniennes. Cependant ces dernières ne perdaient pas leur espoir de résurrection future. Et d'ailleurs, l'Arménie toute entière n'était pas asservie et condamnée à un morne et éternel silence. Il y avait quelques régions montagneuses, — Zeïtoun, Sassoun, Karabagh, etc. — qui avaient su garder une semi-indépendance et où l'esprit de rébellion se manifestait de temps à autres par d'audacieux coups de main contre les despotes étrangers. A l'aurore du XVIIIe siècle, des insurrections éclatèrent dans la vaste région de Karabagh, en Arménie persane. Un Prince arménien, de rares qualités guerrières, *David-Bek* se mit à la tête du mouvement et remporta des victoires éclatantes. La lutte dura plusieurs années. Ce fut une perpétuelle guérilla, avec le but de chasser le musulman du pays.

Un fait capital encourageait les Arméniens et les poussait aux plus sanglantes aventures. Au nord, la grande Puissance chrétienne, la Russie, avait conçu ses projets de descente vers le Caucase et assumait le rôle de protecteur des petits peuples chrétiens. Les despotes de Turquie et de Perse commençaient à trembler devant le nouveau colosse et les espérances arméniennes grandissaient. Les exploits héroïques de David-Bek retentissaient dans toute l'Arménie caucasienne (alors *persane*) et bientôt les notables arméniens de tout le pays de Karabagh s'organisèrent pour renverser la tyrannie musulmane et recouvrer l'indépendance. Tous les princes, (les « Méliks ») et le Patriarche lui-même participaient au complot. *Israël Ory*, un homme de grande valeur diplomatique, fut délégué en Europe (toujours au début du XVIIIe siècle), afin de solliciter l'aide des Puissances chrétiennes. L'étrange ambassadeur se rendit dans toutes les capitales, fit des démarches auprès du pape et des souverains et finit par convaincre un palatin germanique qui promit d'organiser, avec l'assistance de l'Autriche et de la Russie, une nouvelle croisade contre les musulmans, dans le but de délivrer l'Arménie et d'en assumer la suzeraineté.

Israël Ory, encouragé par ces promesses et muni de lettres d'introduction de quelques souverains, se rendit à Moscou, se présenta à Pierre le Grand et lui expliqua les projets des Arméniens de Karabagh. L'empereur de Russie fit le meilleur accueil au diplomate arménien, lui promit son concours et l'envoya comme plénipotentiaire à la Cour de Téhéran. Cet événement inattendu jeta la consternation parmi les musulmans et remplit les cœurs arméniens de joie et d'espérance.

Pierre le Grand avait, en réalité, l'intention de pousser vers le midi, en s'appuyant sur les populations arméniennes. Mais il fut empêché de réaliser son rêve ; la guerre suédoise éclata et d'autres difficultés surgirent bientôt après la victoire.

En Europe aussi on abandonna le projet utopique d'une nouvelle croisade arménienne. Mais Israël Ory ne désespéra point. Il poursuivit, avec le Catholicos et d'autres notables arméniens, les négociations dans la capitale russe. Toutes les tentatives échouèrent. Ory mourut (en 1711) et ensevelit avec lui son noble rêve.

Ce n'est qu'au commencement du XIXe siècle que

les armées du Tsar mirent le pied dans l'Arménie transcaucasienne et peu à peu en conquirent de vastes régions. En 1826-27, après une guerre sanglante, la Russie arracha à la Perse deux grandes provinces arméniennes, *Erivan* et *Nokhidjivan*. La population arménienne en masse, avec le Patriarche *Nersès d'Achtarak* à sa tête, prit une part active à cette guerre de libération.

Une *Arménie russe* fut créée. Inutile de s'arrêter sur le régime institué par la Russie tsariste. Depuis environ un siècle, les Arméniens russes ont eu, en maintes occasions, à se plaindre des méfaits de ce régime. Toutefois, le changement de joug apporta quelque soulagement aux populations arméniennes qui, sous le nouveau régime, jouissaient d'une sécurité relative de leurs vies et de leurs biens. Ce minimum de sécurité suffit aux Arméniens pour déployer au Caucase une activité hors ligne, pour donner un grand essor à leurs aptitudes dans le domaine du commerce, de l'industrie et de la vie intellectuelle dans les grands centres : Tiflis, Bakou, ainsi que dans la province. Des écoles se fondent un peu partout, des livres et des périodiques sont publiés. Peu à peu, la société arménienne s'organise avec sa conscience nationale et s'affirme de plus en plus comme un élément de culture et de progrès dans l'Empire des Tsars. Ceux-ci poursuivent, dès le début, leur politique de violente russification, mais cela n'empêche pas la formation, ou plus exactement la régénération de la nationalité arménienne.

Dès le milieu du xixe siècle, nous voyons déjà le commencement d'une littérature à tendance nationale et patriotique. *Abovian* en est le père. *Nazarian*, *Nalbandian*, *Schahaziz*, toute une pléiade de poètes et de romanciers continuent Abovian. Celui-ci avait écrit les « Plaies de l'Arménie. » Il avait dressé, devant la nouvelle génération le tableau sombre et tragique de l'Arménie sous le joug musulman. Lui aussi, pareil au chantre de Vartan Mamikonian, était l'incarnation de l'esprit de rébellion.

Les écrivains de l'Arménie russe, épris de l'amour de la liberté et de la patrie, exhortaient le peuple à suivre les grandes nations occidentales dans la voie du progrès et de la civilisation. D'autre part, ils n'oubliaient pas que la plus grande partie de la nation vivait encore dans l'esclavage le plus abrutissant, sous le joug des musulmans ottomans. Ils épousèrent la cause de l'Arménie turque et se firent les champions de l'œuvre de sa libération. Le plus illustre de ces écrivains fut le romancier *Raffi*, le Manzoni arménien, le plus fort inspirateur du mouvement révolutionnaire en Arménie. La poésie patriotique eut son principal représentant dans la personne de *Raphaël Patkanian*.

Tous les deux, le romancier et le poète, à l'exemple du Maître Khrimian, (de l'Arménie turque) appelaient la jeune génération à la lutte contre l'abjecte tyrannie. Dans des pages d'un pathétique puissant, ils exaltaient l'héroïsme et le dévouement, l'esprit de révolte opposé à la vile résignation. Ils formulaient des vœux, lançaient des mots d'ordre, annonçaient l'aurore de la prochaine libération. Les héros de Raffi, les Aslan, les Farhate, les Avo, les Karo, étaient des apôtres de la Nouvelle Arménie, qui devaient labourer la terre de la liberté et l'arroser de leur sang...

Raffi et Patkanian eurent un grand nombre de disciples, soit au Caucase, soit en Arménie turque. Ce n'est pas ici le lieu de les énumérer tous. Nous ne mentionnons pas non plus les nombreux représentants de la poésie lyrique, les artistes célèbres, les dramaturges, publicistes, etc.

La littérature arménienne en Russie, au XIXe siècle a subi l'influence des écrivains russes, tandis qu'en Turquie elle se développa sous les influences dominantes des littératures occidentales et, en particulier, des grands écrivains et poètes français. C'est le jeu perpétuel de deux principes, — oriental et occidental, — dont nous avons parlé et qui s'accentue de plus en plus dans l'évolution de la vie intellectuelle du petit peuple.

Déjà la première génération des écrivains et penseurs de Constantinople et de l'Arménie turque, celle qui devait réaliser la Constitution Nationale de 1860, la génération des Roussinian et des Palian, des Missakian et des Galfayan, des Chichmanian et des Agathon, s'est formée sous l'influence de Lamartine et de Hugo, ainsi que des représentants célèbres de l'éloquence française, des grands historiens, Michelet et Guizot, dont ces étudiants furent les élèves à l'Université de Paris (dans les années 1840-1850).

Presque toutes les merveilles de la littérature mondiale, la plupart des chefs-d'œuvres de Shakespeare, Dante, Molière, Hugo, Milton, Byron, Tolstoï et tant d'autres, ainsi qu'un grand nombre d'œuvres classiques grecques ou latines, ont été traduites en langue arménienne.

Les Arméniens furent aussi les premiers à introduire le théâtre à Constantinople et dans la province, ainsi que dans plusieurs centres de la Perse et du Caucase.

Avec les lettres françaises, la langue de Voltaire a pénétré dans tous les coins de l'Arménie et de la Diaspora ; elle est enseignée dans les écoles ; presque toute la jeunesse lettrée la parle avec facilité.

Enfin, l'Arménie a produit un grand nombre d'artistes, de peintres et de sculpteurs de talent. Le génial *Adamian*, tragédien et poète, avec ses représentations de Shakespeare (en langue française et arménienne) fit, il y a une trentaine d'année, l'admiration du monde russe ; et le peintre *Aïvazovsky*, le plus illustre dans son genre en Russie, acquit une célébrité universelle.

Nombreux sont aussi les généraux arméniens qui prirent part à toutes les campagnes russes au Caucase et en Turquie. Les noms de Loris-Mélikof, Lazaref, Ter-Goukassof, Chelkovnikof sont connus dans toute la Russie. Le premier acquit même une réputation mondiale, non seulement comme généralissime et stratège durant la campagne de 1877-78, mais aussi comme homme d'Etat. On sait que le vainqueur de Kars fut nommé peu après président du Conseil des Ministres, à un moment des plus critiques de l'histoire de la

Russie (1880), à l'époque de la tourmente révolutionnaire, provoquée par les actes retentissants du Nihilisme. Investi de pouvoirs illimités par le Tsar Alexandre II, il présida pendant un an, en vrai dictateur, aux destinées de l'Empire. C'est lui qui fit signer à l'Empereur son modeste projet de première Constitution russe. Mais sur ces entrefaites, le Tsar fut assassiné par les nihilistes. Son successeur, Alexandre III, annula le projet de Constitution et Loris-Melikof fut renvoyé avec tous les autres ministres libéraux.

Il est curieux de constater que l'un des promoteurs de la première Constitution ottomane fut aussi un Arménien, *Krikor Odian,* l'ami et le conseiller principal du fameux Midhat Pacha.

Mentionnons un autre éminent homme d'Etat arménien, *Nubar Pacha*, un des fondateurs de l'Egypte Moderne. Il a introduit la justice en Egypte par l'admission de juges européens dans les Tribunaux de la Réforme dont-il fut le créateur. Ces Tribunaux mixtes, en réglementant les rapports des étrangers avec les indigènes, ont transformé le pays et ont rendu possible sa prospérité et son développement actuels.

Enfin, la Perse moderne a eu son Garibaldi et un de ses principaux hommes d'Etat dans la personne de l'Arménien *Efrem*, (tombé sur le champ de bataille en 1912.)

VIII

Le mouvement de renaissance parmi les Arméniens de Turquie

Dès 1830, un mouvement s'esquissait aussi dans les colonies Arméniennes de Constantinople et de Smyrne. (La province dormait encore d'un profònd sommeil d'asservissement). Constantinople était le cerveau, le centre, le point de ralliement des Arméniens de Turquie. C'était aussi le siège du Patriarcat arménien. L'essor commercial s'y donnait libre carrière et l'Arménien, avec le Grec, était le lévier de toute l'activité. On fondait des écoles, des imprimeries, on publiait des livres. Les Mékhitaristes de Venise contribuaient puissamment à ce travail de régénération nationale. La proclamation du Tanzimát (en 1839), octroyant la liberté aux différentes communautés de l'Empire, donna, elle aussi, une impulsion vigoureuse aux aspirations arméniennes. Profitant de la facilité des moyens de communication, les commerçants arméniens faisaient de fréquents voyages en Europe.

En même temps beaucoup de jeunes gens arméniens se rendaient dans les différentes villes universitaires européennes pour y faire leur instruction. A partir de 1840, ils arrivent nombreux en France. Paris était le centre et le rendez-vous préféré de cette jeunesse. On y avait établi le Collège Mékhitariste « Samuel Mourad » et c'est à Paris que se réunit la pléiade des futurs directeurs spirituels de l'Arménie. Tout en faisant leurs études, ils rêvaient à des projets de renaissance nationale. De retour dans leur pays, ils réussirent à arracher au Sultan la fameuse Charte de la Constitution Arménienne. La nation obtenait le droit d'organiser à sa guise ses affaires intérieures, de gérer son église, ses écoles, ses institutions culturelles. Cette charte fut octroyée en 1860 et à partir de 1863, une sorte de Parlement ou plus exactement, de grand Conseil arménien, siégeait à Constantinople. Ce n'était pas, à vrai dire, une représentation *nationale*, mais elle rendit des services considérables à la cause des Arméniens, en stimulant dans une certaine mesure l'œuvre de l'instruction et de la régénération nationale.

Toutefois, cette Constitution arménienne, octroyée à une époque où les éléments chrétiens de l'Empire prenaient une attitude de plus en plus menaçante, n'était qu'un palliatif et une diversion de la part des maîtres Turcs. Les orateurs arméniens faisaient de beaux discours dans leur Parlement de Constantinople, mais là-bas, dans l'Arménie proprement dite, le peuple gémissait sous la plus sauvage oppression, sous le fardeau écrasant des impôts, exterminé lentement par le Kurde, par la famine, par la misère. Aucune sécurité de vie, de biens, d'honneur de famille. Il serait trop long d'énumérer tous les méfaits, toutes les horreurs de ce double joug turco-kurde. Que pouvait la Constitution contre ce régime barbare ?...

C'est *Khrimian* qui vint poser cette question douloureuse devant l'Assemblée Arménienne de Constantinople (en 1869). Khrimian, le célèbre abbé révolutionnaire, le futur Patriarche et Catholicos de l'Arménie, avait déjà installé son imprimerie sur les hauteurs de Varag, près de Van, y avait fondé une Revue et une école. Religieux, il renonça à la vie stérile du couvent et se donna de toutes ses forces au peuple travailleur. Dans sa revue, dans ses écrits et ses sermons, il exposait le sort de l'Arménie ; il parlait de ses ruines grandioses, rallumait le feu du patriotisme, relevait les cœurs abattus, invitant la jeunesse à l'action, à la lutte, à l'œuvre de reconstitution de la Patrie.

En 1869, il est élu Patriarche et, dès le début, il pose devant l'Assemblée Nationale la question de la *province*. En termes éloquents, il expose la situation tragique des masses arméniennes, vivant sous un régime exceptionnel, les méfaits de la bureaucratie, les criantes iniquités des tribunaux, les oppressions systématiques des Kurdes, les scènes continuelles de pillages et de meurtres, et, comme conséquence inévitable, l'émigration et le dépeuplement du pays.

Le nouveau Patriarche exhortait l'Assemblée à protester, et à agir énergiquement auprès de la Porte.

IX

La Question Arménienne. — Le mouvement Révolutionnaire

C'est la Question Arménienne qui se posait ainsi devant l'Assemblée Nationale de Coum-Kapou. Huit ans après, elle fut posée devant le

Congrès de Berlin et le même Khrimian se rendit dans les capitales de l'Europe pour plaider la sainte cause de son pays.

On connaît le résultat. Par l'article 61 du traité de Berlin, les Puissances engageaient la Porte à réaliser dans le plus bref délai, en Arménie, les réformes nécessaires.

C'était le Contrôle Européen en Arménie... Le Grand Rêve n'allait-il pas se réaliser ? L'Arménie n'allait-elle pas ressusciter des cendres de ses ruines ? Le Patriarche Nersès l'annonçait dans son discours mémorable à l'Assemblée Nationale. Harangues enthousiastes et acclamations frénétiques...

Hélas ! la plus cruelle déception attendait le prélat vénérable et ses fidèles exaltés.

L'engagement ne fut pas tenu. L'article 61 et le contrat européen devaient rester lettres mortes.

La situation s'aggrava après la campagne russo-turque de 1877-78. Les persécutions et les violences redoublèrent. Il fallait en finir à tout prix avec la question Arménienne, qui servirait toujours de prétexte pour l'intervention de la Russie. Abdul Hamid érigea l'ère de la terreur en Arménie. L'Europe fit la sourde oreille. Il n'y eut que des représentations platoniques à Constantinople, des notes comminatoires, qui n'étaient suivies d'aucune sanction et qui excitaient seulement la fureur des bourreaux.

C'est alors, que les Arméniens, exaspérés par une vaine attente, décidèrent de recourir à des mesures extrêmes.

La coupe était pleine. La nation se mourait d'une mort lente et certaine. Il ne restait qu'une issue : *la révolte*. Des comités insurrectionnels se formèrent. Etouffée dans sa patrie, la parole arménienne, — parole de lutte et d'espérance, — vint retentir en France. En 1885, un proscrit politique, *Portougalian*, installa à Marseille la première et libre imprimerie arménienne et publia son journal « Armenia. » (Il paraît encore aujourd'hui).

D'autres feuilles et comités révolutionnaires surgirent peu après : le *Hintchak* (1), le *Daschnak* (2). Tous ils prêchaient l'insurrection comme le seul moyen d'attirer l'attention de l'Europe et d'amener l'intervention des Puissances signataires du traité de Berlin.

En 1890, Erzeroum donna le signal d'alarme, en organisant la première manifestation contre les op-

(1) La Cloche.

(2) Daschnak ou, plus exactement, *Daschnaksoutioun* signifie *Fédération*.

pressions turco-kurdes. Quelques mois après, des manifestations analogues eurent lieu à Constantinople.

Les requêtes présentées à la Porte n'avaient rien d'excessif. Les Arméniens ne demandaient que *sécurité pour leur vie et leurs biens.*

Les agents diplomatiques anglais en Arménie, dans les rapports adressés à leur Gouvernement et publiés dans le *Livre Bleu*, ont souvent fait ressortir le caractère défensif du mouvement arménien, qu'ils ont toujours considéré comme le produit inévitable d'un régime barbare.

Déjà en 1880, le 23 septembre, le consul britannique à Erzeroum, M. Everst, faisant un rapport sur la situation de l'Arménie, écrivait les lignes suivantes :

« Seules la patience et le manque de cohésion parmi les diverses classes du peuple pourraient expliquer le fait que l'an dernier, lors du recouvrement des impôts, les saudjaks orientaux ne se soulevèrent pas comme un seul homme contre le gouvernement ».

Voici maintenant ce que télégraphiait, en 1890, à son Gouvernement, un autre consul britannique à Erzeroum, le colonel Chermside.

« Les associations secrètes, organisées ces

temps derniers à Erzeroum et dans les provinces, les tentatives de se procurer des armes et enfin les derniers événements qui se produisirent à Van et dans les environs, tout cela montre qu'il y a un profond mécontentement. Et en réalité, il serait étrange de s'attendre à autre chose qu'à un mécontentement. »

A des manifestations généralement pacifiques, Abdul-Hamid répondit par des représailles sanglantes.

Ces représailles ne faisaient qu'alimenter la fermentation et le mouvement révolutionnaire allait en croissant.

En 1894, un conflit se produisit dans la région montagneuse de Sassoun, entre Arméniens et Kurdes, ces derniers ayant voulu emmener les troupeaux des Arméniens. Ceux-ci prirent le dessus et chassèrent les pillards. Sur l'ordre de Yildiz, les troupes turques marchèrent sur Sassoun, contre les prétendus insurgés arméniens, qui n'avaient fait que défendre leur bien. Un premier massacre d'Arméniens eut lieu, avec des raffinements de cruauté sans précédents. Il fut suivi bientôt (en 1895-96) par les tueries en masses qui ensanglantèrent l'Arménie toute entière et firent 300.000 victimes.

L'opinion européenne s'émut. Gladstone prononça son violent réquisitoire contre le « Grand Assassin ». La diplomatie elle-même s'agita et fit un semblant d'intervention. L'Allemagne et l'Autriche s'étant abstenues de tout acte hostile au Maître de Yildiz, l'Angleterre, la France et la Russie s'occupèrent de la question arménienne. Déjà à la suite des événements de Sassoun, ces trois Puissances avaient envoyé leurs agents sur le théâtre des événements, pour y procéder à une enquête. Après de minutieuses recherches, cette enquête aboutit à la constatation que le massacre avait été ordonné et savamment organisé par le Gouvernement central.

Un projet de réformes fut arrêté par les trois Puissances (en mai 1895). Des réformes garantissant les droits les plus élémentaires des Arméniens... Mais ce projet devait subir le sort de l'article 61 du traité de Berlin. Il resta également lettre morte. Car la Russie, la puissance la plus intéressée, était à cette époque là franchement hostile aux Arméniens et, tout en participant à l'enquête, ne désirait aucune réforme. Le Prince Lobanof, le dirigeant de la politique russe, disait même ouvertement qu'il préférait « une Arménie sans Arméniens ».

L'Angleterre et la France se résignèrent. Après

les grandes tueries, le Cabinet de Londres, sous la forte pression de l'opinion qui demandait à réparer les fautes du passé (1), prit soudain une attitude énergique vis-à-vis de la Turquie mais finit cependant par déclarer, par la bouche de Lord Salisbury « que les cuirassés britanniques ne pouvaient franchir la chaîne du Taurus ».

Quant à la France, guidée malheureusement par un ministre qui subissait l'influence de la diplomatie du Prince Lobanow, elle garda toujours, une attitude passive, en dépit des violentes protestations des philarmènes français : Anatole France, Albert Vandal, Pierre Quillard, Francis de Pressensé, Victor Bérard, Jean Jaurès, G. Clémenceau, E. Lavisse, le Comte de Mun, Le Roy Beaulieu, etc.

Encouragé, le Sultan poursuivit son œuvre de destruction, et l'opinion européenne continua à protester. Les interpellations à la Chambre Française et au Parlement Britannique se multiplièrent. Aucun effet... Vers 1900, un Comité d'Action International se constitua à Paris. Il eut pour

(1) On sait que l'Angleterre a des responsabilités particulières dans le drame arménien, comme signataire de la Convention de Chypre et comme auteur de l'article 61 du traité de Berlin, qui annulait l'article 16 du traité de San Stéfano, article garantissant la sécurité des Arméniens.

organe le « Pro Armenia», dirigé par Pierre Quillard, sous le patronage d'hommes éminents, tels que : Anatole France, G. Clémenceau, F. de Pressensé, Jean Jaurès. D'imposants meetings furent organisés à Paris, à Londres, à Rome, à Milan, dans toutes les villes helvétiques, en Hollande, en Belgique. Partout la politique des Turcs fut flétrie et la juste cause de l'Arménie fut plaidée par les voix les plus autorisées. Mais ce n'étaient que des clameurs dans le désert.

Aucune protestation ne s'éleva dans les pays germaniques. Toute propagande arménienne y était interdite. C'est à peine si un socialiste osait, de temps à autre, adresser une question au Chancelier, au sujet de l'Arménie, sans obtenir une réponse. Au lendemain des massacres de Constantinople, en 1896, Guillaume II et Abdul-Hamid échangeaient des cadeaux. Et quelques années après, le Kaiser se rendit à Constantinople, où il alla fraterniser avec l'Assassin couronné.

Les Comités révolutionnaires arméniens firent encore des tentatives désespérées, afin de forcer la main à la diplomatie occidentale. En 1895 éclata l'insurrection de *Zeïtoun*. Pendant plusieurs mois, 5.000 montagnards arméniens, guidés par le parti *hintchakuiste*, tinrent tête à l'armée de

30.000 hommes d'Edhem Pacha, le vainqueur de Larissa. L'Europe intervint pour empêcher l'anéantissement du Monténégro arménien, mais les Réformes promises par le traité de Berlin restaient toujours sur le papier.

En 1896, les révolutionnaires arméniens, munis d'engins explosifs, prirent d'assaut la Banque Ottomane à Constantinople et menacèrent de faire sauter l'édifice avec les immenses richesses qu'il contenait. L'Europe intervint encore; les diplomates, effrayés par cet audacieux coup de main, s'empressèrent de négocier avec les insurgés, leur donnèrent la promesse formelle de faire exécuter les Réformes, s'ils consentaient à quitter la Banque. Une fois encore la diplomatie manqua à sa parole et le massacre continua.

En 1903, l'insurrection gagna une autre région montagneuse de l'Arménie, *Sassoun*. Le peuple, sous le commandement du fameux chef Andranik, livra, pendant trois mois, des combats sanglants aux forces infiniment supérieures des troupes turques et kurdes. L'insurrection fut noyée dans le sang arménien. Et l'Europe laissa faire... La diplomatie restait toujours impassible devant ces actes de désespoir d'un peuple agonisant.

Rien de plus tragique et de plus émouvant que

cette histoire du *Risorgimento arménien.* Des générations entières furent fauchées, anéanties par la plus implacable des tyrannies. Des milliers de jeunes gens, appartenant à toutes les classes de la nation, se jetaient à corps perdu dans la mêlée, s'engageaient dans une lutte désespérée contre le puissant despotisme, périssaient dans les combats, sur les potences, dans les galères. Sur l'antique terre de l'Arménie s'accomplissaient des actes sublimes d'héroïsme et de dévouement. (Dans la Grande Arménie le mouvement était dirigé par le parti « *Daschnakzoutioun* » lequel a depuis un quart de siècle son organe, le « *Droschak* », à *Genève.* Le parti hintchakiste avait pour champs d'activité principalement la *Cilicie).*

De rares touristes européens, en voyage en Arménie, ont parlé avec admiration, dans des journaux ou des revues, des *fidaïs* (1) arméniens, de leurs exploits héroïques, de leur prodigieux esprit de sacrifice.

Trente cinq années de luttes !... Dans des conditions infiniment plus dures que chez d'autres peuples, Serbes, Roumains, Bulgares, naguère

(1) Ceux qui ont, d'avance, sacrifié leurs vies.

soumis au même joug. Ceux-là avaient leur puissant Protecteur slave, qui intervenait au premier acte du drame, au premier geste de révolte et de représailles. Les Arméniens n'avaient pour eux que leur juste droit et l'opinion publique européenne, hélas ! impuissante.

Jamais nation asservie et consciente d'elle-même n'a lutté dans des conditions aussi désespérées. Et cependant les espérances étaient bien vives au début, lorsque la grande Puissance du Nord favorisait ouvertement les aspirations arméniennes, lorsque l'armée russe envahissait les vilayets d'Erzeroum et de Van, sous le commandement des généraux arméniens ; lorsque, par le traité de San Stéfano, la Russie étendait sur l'Arménie sa puissante protection ; lorsque le généralissime arménien Loris-Mélikof devenait l'homme de confiance du Tsar Alexandre II, pour devenir peu après le Dictateur de l'Empire, lorsqu'enfin l'Europe elle-même assumait, par l'article 61 du Traité de Berlin, le rôle de protectrice collective des Arméniens de Turquie.

Nul ne pouvait alors prédire qu'un jour viendrait où un Lobanof-Rostovsky et un Galitzine disposeraient souverainement du sort des Arméniens et, au lieu d'empêcher, encouragerait l'œuvre d'extermination entreprise par les Turcs. Nul non plus ne pouvait prévoir les défaillances des autres Gouvernements signataires du traité de Berlin, dues à leurs compétitions en Turquie, lors de la grande tragédie arménienne.

Néanmoins, les Arméniens continuaient leur lutte. C'était d'ailleurs une impérieuse nécessité, car il fallait journellement se défendre contre les Kurdes pillards, contre les légions de bandits qui attaquaient sans cesse la population paisible et laborieuse.

X

La lutte pour la liberté dans l'Arménie russe

De temps à autre la lutte se transportait au Caucase, où le même parti « *Daschnaktzoutioun* » avait à combattre les violences de l'ancien régime impérial et les populaces barbares, lesquelles, faisant cause commune avec leurs coreligionnaires de Turquie, cherchaient à exterminer l'élément arménien à Bakou, à Choucha, à Elisavetopole, à Erivan, à Nakhidjevan et partout ailleurs.

Un moment, favorisée par la politique d'Alexandre II qui s'appuyait sur elle pour étendre sa domination dans l'Orient musulman, la nation arménienne redevint, comme la Pologne et toutes les « okraïnes » un objet de haine et de persécutions sous le tsar Alexandre III, lequel, après l'assassinat de son père, reprit la politique de pur absolutisme de Nicolas Ier.

Au nombre d'environ deux millions, les Arméniens avaient acquis, grâce à leur labeur, leur esprit d'initiative, leur culture vieille de quinze siècles, une situation marquante en Transcaucasie, dans leur pays d'origine. Ils étaient en même temps l'avant-garde de l'expansion russe dans le sud et dans l'est, les meilleurs propagateurs de la langue, du commerce, de la culture, de l'influence russes en Perse, en Turquie et même au-delà des frontières turques et persanes. Ils étaient, suivant l'expression de M. Milioukow, le « seul îlot au milieu de l'Océan musulman », une force que l'état russe devait ménager, dont il devait favoriser le développement dans l'intérêt même de la Russie.

Mais la bureaucratie russe, frappée de cécité, ne voyait que le prétendu « péril arménien », elle estimait que ce peuple était trop remuant, qu'il faisait des progrès trop rapides et que, par conséquent, il constituait un danger pour le maintien de l'absolutisme et de l'orthodoxie.

Et la plus violente campagne de russification fut entreprise en Arménie russe. La nation haïcane, cet éternel bouc émissaire de toutes les tyrannies orientales, ballotait ainsi, suivant la juste expression de Francis de Pressensé, entre deux périls, — le sultanisme et le tsarisme, — « between the devil and the deep sea »...

Nicolas II continua fidèlement la politique de son père ; c'est même sous son régime que la campagne antiarménienne fut poursuivie avec le plus grand acharnement.

On se souvient du fameux prince *Galitzine*, Gouverneur Général du Caucase, qui, par des mesures draconiennes, — fermeture des écoles, musellement de la presse, arrestations en masse des intellectuels, confiscation des biens nationaux, — finit par provoquer un soulèvement général dans toute la Transcaucasie arménienne (en 1903-04). Les Daschnaktzakans, avec le vieux Catholicos Khrimian, résolurent de se défendre. Des combats sanglants furent livrés entre Arméniens et Cosaques. Le tout-puissant Von Plehve, alors premier ministre russe, infligea un cruel châtiment aux Arméniens. Ce ne fut, certes, pas un massacre *à la turque* ; les représailles les plus sauvages du tsarisme pâlissent devant les horreurs perpétrées par la vieille et la Jeune Turquie. Les baïonnettes eurent raison de la défense arménienne, les biens de l'église, qui alimentaient les écoles nationales, furent confisqués, pour être restitués un an après, pendant le grand mouvement révolutionnaire, lequel avait gagné toute la Russie et finit par arracher au tsar le Manifeste d'octobre 1905.

Cependant, le martyrologe des Arméniens russes n'avait pas dit son dernier mot. Aux jours sombres de la réaction, lorsque l'Empire tout entier fut livré aux hordes sauvages des « Cent Noirs », le gouvernement arma et dirigea contre les Arméniens les bas-fonds de la population musulmane-tartare, comme élément contre-révolutionnaire par excellence (février 1905).

La ville de Bakou, où ces musulmans sont très nombreux, donna le signal. Un beau jour, sans provocation aucune, les bandes tartares, armées jusqu'aux dents, attaquèrent la paisible population arménienne. Celle-ci riposta. Et une lutte terrible s'engagea entre les deux voisins. Les villes de Schoucha, Nahidjevan et même une partie de la ville de Bakou, avec ses immenses réservoirs de naphte, furent livrées aux flammes. Des milliers de cadavres arméniens et musulmans jonchèrent les rues. Des centaines de villages furent ravagés et incendiés.

Cette guerre arméno-tartare dura, avec de courtes interruptions, dix-huit mois. Le Gouvernement, qui avait organisé cette danse macabre, observait lui-même l'attitude du *tertium gaudens*. Il ne sortait de sa neutralité que pour aider les « Cent Noirs » tartares contre les Arméniens.

Néanmoins l'Organisation de la défense arménienne, commandée par les militants les plus éprouvés, assistée de toutes les forces vives d'un peuple en proie au désespoir, finit par refouler l'assaut de l'ennemi inconscient, sauvant ainsi la nation, peut-être même la civilisation du Caucase, d'un désastre irréparable. Arméniens et musulmans subirent des pertes immenses, se réconcilièrent peu après.

Quelques années plus tard, lorsque sous le régime Stolypinien, la réaction battait son plein, lorsque la tyrannie fauchait impitoyablement les forces révolutionnaires de l'Empire, un procès de « haute trahison » fut intenté à cette organisation militante arménienne, dite « Dachnakzoutioun ». Et le Baron

Nolde, le porte-paroles des réactionnaires, s'écriait de la tribune de la Douma (en 1907) :

« Il faut de toute nécessité anéantir cette puissante Association internationale, qui conspire et lutte à la fois sur trois fronts et qui alimente les mouvements révolutionnaires dans trois Empires».

En effet, le Parti Arménien (profondément national et non pas international) se défendait à la fois au Caucase contre les oppressions du tsarisme, en Turquie contre la tyrannie hamidienne et en Perse, où il avait fait cause commune avec le parti libéral.

(Le militant le plus glorieux du Parti lors de ces luttes d'affranchissement en Perse, fut *Efrem*, le commandant en chef de l'armée constitutionnelle qui, par son talent de stratège et par ses exploits héroïques, fut appelé le Garibaldi de l'Orient. Mr. Jean Herbette, qui avait rencontré le héros en Perse, le comparait à Cromwell et à Bonaparte).

Le procès de haute trahison contre le parti arménien « Daschnaktzoutioun » eut lieu en 1912 à Pétrograd. En raison de l'exceptionnelle gravité du cas, la Haute Cour du Sénat elle-même fut érigé en tribunal. 500 intellectuels arméniens, — écrivains, avocats, professeurs, médecins et même beaucoup de paysans et commerçants, — furent transportés du Caucase à la capitale pour être jugés. Plusieurs centaines de témoins les accompagnaient. Jamais on n'avait vu de procès plus retentissant, même dans les annales révolutionnaires russes. C'est la nation arménienne qui était sur le banc des accusés. Les débats à huis clos durèrent plusieurs semaines. L'élite du barreau russe, des dizaines d'avocats les plus renommés, plaidaient la cause des révolutionnaires. Toute la presse libérale russe, avec une touchante unanimité, défendait le petit peuple contre l'absurde accusation de « séparatisme ».

D'ailleurs cette accusation s'effondra aux premiers jours des débats, au premier examen des faits incriminés. Les pires ennemis du peuple arménien acquirent la conviction que ce peuple s'était toujours trouvé à l'état de légitime défense, qu'il n'avait fait que défendre ses droits les plus élémentaires contre les assauts du régime et des hordes barbares.

Néanmoins, une cinquantaine d'intellectuels furent condamnés à des peines variées, (4 aux travaux forcés) ; la grande majorité fut acquittée, après avoir subi quatre années de détention préventive !

Telles sont, en grands traits, les péripéties de la

lutte d'affranchissement des Arméniens du Caucase, lutte commencée sous forme de résistance passive, pendant le règne d'Alexandre III (1), et plus tôt même, dans les années 1860-1863, avec *Mikaël Nalbandian* qui avait été en rapports intimes avec les fameux proscrits russes de Londres, Alexandre Herzen, Bakounine, Ogarev, et qui, à son retour d'Angleterre, en 1863, fut arrêté et écroué dans la forteresse Pierre et Paul. Il fut relâché au bout de trois ans, pour mourir quelques mois après, des sui-

---

(1) L'attitude du gouvernement tzariste ne changea point même durant la guerre actuelle, où les Arméniens du Caucase firent preuve d'un merveilleux esprit de sacrifice. Il y avait déjà plus de 100.000 combattants arméniens dans l'armée russe. A l'instigation du feu vice-roi Vorontzow-Daschkof, qui promettait solennellement, au nom de la Russie, de réaliser leurs aspirations nationales, les Arméniens russes organisèrent des corps de volontaires au nombre de 7 à 8 000, qui prirent part aux campagnes les plus périlleuses, luttèrent avec le plus grand courage et méritèrent même l'éloge public du Ministre Sazonof.

On ménageait ces volontaires tant qu'il y avait des masses de populations arméniennes dans les provinces frontières qu'il fallait conquérir. Mais une fois le pays dévasté par les Turcs et des centaines de mille Arméniens déportés ou exterminés, le gouvernement du Caucase, celui du Grand Duc Nicolas Nicolaévitch, fit dissoudre les corps de volontaires. Les vilayets de Van et d'Erzeroum, ainsi qu'une partie du vilayet de Bitlis, étant tombés aux mains des Russes, le Gouvernement non seulement ne se soucia plus des aspirations nationales arméniennes, mais il déclara ouvertement par la bouche du Vice-Roi que la question arménienne n'existait plus pour la Russie, que les vilayets occupés étaient irrévocablement annexés, incorporés à l'Empire du

tes de la tuberculose qu'il avait contractée dans la terrible Bastille russe.

Mikaël Nalbandian, c'est le Silvio Pellico de l'Arménie Moderne. Les Arméniens de Russie portent encore le deuil de ce noble et glorieux martyr qui fut en même temps, avec Alichan, Pechikthachlian, Raffi et Patkanian, un des chantres de la liberté arménienne. C'est lui qui a écrit l'hymne nationale « Mer Haïrenik » (Notre Patrie), chanté depuis 60 ans par les Arméniens du monde entier.

Tsar et que l'Arménie autonome n'était qu'un rêve malsain des révolutionnaires arméniens.

On élabora un projet de colonisation, — par des cosaques et des paysans russes, — des provinces arméniennes nouvellement conquises; et l'on dressa toutes sortes d'obstacles aux réfugiés arméniens qui, du Caucase, voulaient rentrer dans le vilayet d'Erzeroum pour regagner leurs foyers. En même temps on protégeait les Kurdes pillards qui continuaient leurs razzias dans les rares districts habités encore par des Arméniens. Ces actes soulevèrent une profonde indignation dans tous les milieux arméniens.

Aujourd'hui les représentants autorisés du nouveau régime s'empressent de reconnaître à l'Arménie le droit de disposer de son sort. M. *Milioukow* déclara que « la Russie doit prendre sous son égide le sort et l'avenir du peuple arménien ». Le chef des Cadets à plusieurs reprises, à la Douma, dans la presse et dans les réunions, à soutenu la thèse de l'Arménie autonome. Le citoyen *Kerensky,* ministre de la Justice, s'est également prononcé en faveur de l'autonomie de l'Arménie. Tel est, espérons-le, l'avis de toute la démocratie russe, maîtresse enfin, des destinées du grand pays.

XI

Sous le régime Jeune Turc

En décembre 1907, un Congrès des partis révolutionnaires de l'Empire Ottoman se réunit à Paris sur l'initiative du parti arménien Daschnakzoutioun. Les deux Comités turcs, l'« Union et Progrès » et la Ligue Fédéraliste (du prince Sebaheddine) y participaient. L'entente se fit entre les fractions jusque là antagonistes et à l'unanimité fut prise une résolution demandant l'emploi des moyens révolutionnaires, la déposition d'Abdul Hamid et la proclamation du régime constitutionnel.

L'année suivante, la Jeune Turquie opéra sa Révolution (Juillet 1908).

Quelques mois après (en avril 1909), un mouvement contre-révolutionnaire éclata et les premières victimes furent encore les Arméniens. Trente mille hommes, femmes et enfants arméniens furent massacrés à *Adana* et aux environs. Les enquêtes ultérieures démontrèrent d'une façon irrécusable que le massacre était organisé par les Comités Jeunes Turcs eux-mêmes.

Le mot d'ordre de ces derniers fut dès le début : « La Turquie aux Turcs ». Panturquisme mitigé par le panislamisme. La liberté de la parole, de la presse, des croyances fut proclamée, il est vrai, l'atmosphère générale devint plus respirable que du temps d'Abdul-Hamid, mais la politique arménienne du nouveau régime demeura essentiellement la même que celle de l'ancien. Les méfaits des Kurdes, le pillage et les assassinats continuèrent dans les provinces arméniennes, encouragés par l'inaction du Gouvernement. Le Kurde servait toujours de tampon contre les progrès de l'élément arménien, qui avait pris pleine conscience de ses droits nationaux. Dès les premiers jours de la Révolution, les Arméniens s'étaient déclarés amis sincères de la nouvelle Turquie. Le parti arménien « Daschnakzoutioun » et le Comité « Union et Progrès » contractèrent même une sorte d'alliance provisoire, « en vue de défendre la Constitution contre les retours offensifs de l'ancien régime ». Les Arméniens n'avaient aucune velléités d'indépendance, ne manifestaient aucune tendance séparatiste. Les Jeunes Turcs le savaient parfaitement, mais ils n'en persistaient pas moins dans leur attitude hostile.

Bref, la nation arménienne acquit la conviction que la Jeune Turquie avait la mentalité de la Vieille et que sous son régime il n'y avait point de salut pour les Arméniens.

Ceux-ci tournèrent de nouveau leurs regards vers l'Europe. En 1912, la Russie prit l'initiative des Réformes en Arménie. L'Allemagne cherchait, elle aussi, à cette époque, à gagner les sympathies arméniennes (afin de s'en servir dans ses futurs domaines de Turquie) et s'intéressait vivement à la question des Réformes. Les deux Puissances rivalisaient de zèle. De nouveau, joie et enthousiasme dans le monde arménien ! Une Délégation fut nommée par le Catholicos d'Etchmiadzine, pour plaider la cause nationale auprès des Puissances européennes. *Boghos Nubar Pacha* à la tête de cette Délégation, quitta l'Egypte et vint s'établir à Paris. Catholicos, Délégation, Patriarche, Assemblée Nationale, en parfait accord, travaillèrent à la réalisation de l'œuvre entreprise.

Le « *Pro Armenia* » reparut à Paris, sous la direction de *Francis de Pressensé* et de *Victor Bérard*. Et de nouveau, la cause arménienne fut débattue dans la Presse et dans les réunions.

Devant ce renouveau d'activité arménienne, les Jeunes Turcs, au lieu de se ressaisir et de satisfaire aux légitimes revendications des Arméniens, prirent une attitude arrogante et proférèrent des menaces. Ils avaient décidé d'empêcher à tout prix l'œuvre des réformes. Des associations « patriotiques » turques envoyaient continuellement des lettres comminatoires au Patriarche arménien, à la rédaction de l'Azatamart, organe des Daschnaktzakans, à Nubar Pacha et à tous ceux qui se faisaient le porte-paroles de leurs frères auprès de l'opinion européenne.

Voici le contenu d'un de ces documents adressés à la presse arménienne et portant de nombreuses signatures turques :

« Nous vous avisons de ne plus parler de réformes arméniennes, sinon l'affaire deviendra grave et, grands et petits, nous vous massacrerons. Nous vous éventrerons en pleine rue et vous trouverez les massacres antérieurs souhaitables, en comparaison de ce que nous allons entreprendre ».

On apprenait en même temps que des bandes de nationalistes turcs parcouraient nuitamment les quartiers arméniens de Constantinople, marquant en noir et en rouge, maisons, écoles et églises arméniennes, gravant sur les portes des paroles insultantes, des menaces de mort...

Un projet de réformes fut imposé au Sultan. Les Puissances se chargeaient d'en surveiller l'exécution. L'Allemagne, par de constantes pressions, réussit à en diminuer la portée. Le « contrôle européen » fut réduit au minimum. L'Allemagne, en somme, ne désirait qu'un projet de réformes turcs.

On allait procéder à la mise en pratique du projet russo-allemand, lorsque la guerre européenne éclata. Une déception cruelle s'empara à nouveau des populations arméniennes, tandis qu'Enver Bey et consorts sautèrent de joie. Ils avaient naguère passé un mauvais quart d'heure, sous la pression de la Russie, croyant que la Turquie était à la veille d'une nouvelle amputation, par suites de nouvelles réformes arméniennes. Et ils en voulaient terriblement aux Arméniens qui avaient, avec insistance, réclamé ces réformes.

Cependant, il n'y avait rien d'exagéré dans les revendications arméniennes. Loin d'être séparatistes, ils ne demandaient qu'à vivre tranquilles et à développer leurs aptitudes nationales dans leur pays d'origine. S. E. Boghos Nubar Pacha, le chef de la Délégation Nationale, déclarait à chaque occasion, — soit dans ses entretiens avec Rifaat-Pacha, l'Ambassadeur de Turquie à Paris, soit durant ses négociations avec Zimmermann, à Berlin, avec Sazonof et Kokovtzof, — que le projet de réformes arméniennes ne portait aucune atteinte à l'intégrité de l'Empire Ottoman, que les nationalités musulmanes elles-mêmes profiteraient de ces réformes, que l'intérêt vital de la Turquie l'exigeait impérieusement, que c'était une mesure de paix et de prospérité pour l'Empire... N'importe ! Les Jeunes Turcs grinçaient des dents et proféraient des paroles de vengeance. Les calamités les plus terribles allaient se déchaîner sur la malheureuse nation. D'ailleurs la tragédie d'Adana avait démontré avec évidence que les nouveaux maîtres de Turquie ne cherchaient qu'une occasion favorable pour se débarrasser une fois pour toutes de l'élément arménien.

XII

La guerre et l'extermination en masse

L'« occasion favorable » ne tarda pas à se présenter. La guerre européenne éclata. Plus d'osbtacle à la réalisation du rêve caressé ! L'Europe n'existait plus et l'on pouvait entreprendre une œuvre d'extermination de longue haleine. Les massacres ordonnés par Abdul Hamid duraient généralement 2-3 jours... L'Europe tout de même ne laissait pas continuer la lugubre besogne indéfiniment.

Avant de déclarer la guerre à la Russie, le gouvernement d'Enver-Talaat voulut connaître les dispositions des Arméniens de Turquie et engagea des pourparlers avec le parti arménien Daschnakzoutioun.

Presque simultanément, à Erzeroum et à Van, les délégués de la Jeune Turquie, tinrent le langage suivant aux représentants de ce parti, qui a ses organisations au Caucase, en Arménie russe :

« Unissez vos efforts aux nôtres, organisez une insurrection parmi les Arméniens du Caucase, combattons ensemble la Russie et lorsque nous occuperons le Caucase, nous vous ferons l'Arménie autonome, sous notre protectorat ».

Le parti arménien chercha tout d'abord à faire comprendre aux délégués du gouvernement que la participation des Turcs à la guerre mondiale serait fatale à la Turquie. Mais, comme les Turcs répliquaient que c'était déjà une chose décidée, les

Arméniens firent cette déclaration nette et précise :

« Nous ne saurions fomenter une révolution au Caucase ; en cas de guerre turco-russe, les Arméniens des deux côtés de la frontière, feront leur devoir envers leurs Etats respectifs ».

Cette réponse ne plut guère aux délégués Jeunes Turcs, — qui peut-être cherchaient à provoquer un massacre général aussi en Arménie russe, — ils s'écrièrent avec un air indigné :

« Ah ! oui, vous êtes donc pour les Russes ! ».

Et ils s'en allèrent en proférant des menaces qu'ils ne tardèrent pas hélas ! à exécuter.

Toutefois, les préparatifs étaient déjà faits avant ces pourparlers. Le massacre était « chose décidée » comme la guerre. Dès le lendemain de l'explosion de la guerre européenne, le Gouvernement Jeune Turc commença à préparer le terrain pour sa besogne monstrueuse, — l'extermination du peuple arménien, — et il le fit avec une cruauté sans précédent, même dans les annales turques et mongoles, avec un génie satanique qui dépassa même l'esprit infernal d'un Abdul Hamid.

Il fallait avant tout se débarrasser des éléments dangereux, des comités arméniens qui pouvaient organiser une résistance. Et le gouvernement ordonna de procéder, dans tous les villayets, à l'arrestation ou à la suppression pure et simple des chefs de partis. Des milliers d'Arméniens instruits, ayant quelque influence dans le pays, furent exécutés sans aucune procédure judiciaire. En outre, sous prétexte de mobilisation, le gouvernement turc enleva aux populations arméniennes tous les éléments valides, capables de résistance. Tous, ils seront désarmés, déportés par petits groupes et impitoyablement massacrés.

Depuis le 20 mai 1915, le gouvernement Jeune-Turc ordonna la déportation dans les déserts arabiques de toute la population arménienne. Les vilayets de Trébizonde, Erzeroum, Sivas, Bitlis, Kharpout, Diarbékir, Adana furent vidés d'Arméniens, à quelques exceptions près. On a épargné jusqu'ici partiellement les Arméniens de Constantinople et de Smyrne.

La déportation fut suivie du pillage de tous les biens. Des bandes appelées « *Tchetteh* » furent formées par les clubs Jeunes-Turcs, avec les pires éléments de la populace, et on leur fournit des armes. Dans beaucoup d'endroits ce sont ces bandes qui, après avoir pillé les villages arméniens, accompagnèrent les convois de déportés. Des centaines de mille Arméniens furent massacrés sur la route d'exil. Les jeunes filles et les femmes de quelque beauté furent emmenées en esclavage. Le reste, un malheureux troupeau de femmes, d'enfants et de vieillards, fut chassé en Mésopotamie pour y mourir de faim. La « déportation » ne fut qu'un massacre déguisé, suivant la juste remarque de Mr. J. de Morgan (1). On dit qu'Abdul Hamid, dans ses accès de fureur, ordonnait de ménager les enfants et les femmes. Talaat Bey n'eut aucun scrupule. Des centaines d'enfants furent noyés dans la Mer Noire et dans les eaux de l'Euphrate. D'autres centaines périrent dans les flammes à Mouch et à Bitlis. (Les détails de ces orgies sanguinaires sont exposés dans le dernier Blue Book anglais, publié par les soins de Lord James Bryce, ainsi que dans les brochures de M. René Pinon, « La suppression des Arméniens » du Dr. Herbert Adams Gibbons, de M. Toynbee, etc.)

Des tortures indescriptibles furent réservées aux caravanes de déportés, sur les rives de l'Euphrate, dans la vallée de Kémakh. Nous possédons des témoignages de sœurs de charité allemandes, qui étaient généralement bien renseignées par les Turcs, et ont souvent assisté aux défilés de déportés.

---

(1) Essai sur les nationalités, Paris 1917.

Voici ce que rapporte une infirmière de la Croix-Rouge allemande *d'Erzindjan* qui a vu de ses propres yeux une des nombreuses caravanes :

« Nous n'oublierons jamais ce spectacle. Un petit nombre d'hommes, le reste des femmes et des enfants. Beaucoup parmi eux avaient les cheveux blonds et de grands yeux bleus, qui nous regardaient avec le sérieux de la mort et une telle noblesse inconsciente, qu'ils semblaient les anges du jugement. Ils s'en allaient dans un silence complet, les petits et les grands, pour être précipités, liés ensemble, du haut des rochers, dans les flots de l'Euphrate, dans cette maudite vallée de Kémah-Boghazi. Quand les enfants criaient ou pleuraient, parce qu'ils ne pouvaient plus marcher, on leur brisait le crâne... Quelques-unes des femmes avaient perdu la raison.

« Arrivés à l'Euphrate, les gendarmes jetèrent dans le fleuve tous les enfants au-dessous de 15 ans. Leurs cris s'élevaient jusqu'au ciel. Ceux qui pouvaient nager étaient fusillés, tandis qu'ils luttaient contre les flots... Les cadavres mutilés des femmes, des jeunes filles et des petits enfants faisaient frémir. C'est par milliers que doivent se compter les victimes dans ce massacre, dans la vallée de Kemagh » !

Nous disions plus haut que la population arménienne de la Capitale ne fut épargnée que partiellement. Pour étouffer toute plainte et protestation, on arrêta dans la nuit du 28 au 29 avril (1915), toute l'élite de la nation arménienne de Constantinople, députés, journalistes, écrivains, médecins, professeurs, artistes et on les exila également dans les lointaines régions de Koniah et de Diarbékir.

On n'a jusqu'ici aucune nouvelle de ces centaines d'intellectuels déportés. On sait avec certitude que Zohrab, le célèbre écrivain et juriste, le premier orateur de la Chambre ottomane, a été mis à mort. Ses compagnons vivent-ils ? On l'ignore complètement.

XIII

L'Attitude de l'Allemagne

L'Ambassade, les Consuls et les agents allemands étaient parfaitement au courant des atrocités commises ; malheureusement ils ne firent rien pour les empêcher. On n'a qu'à lire le rapport d'un instituteur allemand, un homme de haute conscience, M. le *Dr. Niepage*, maître supérieur à l'école allemande d'Alep, qui dénonça ouvertement les responsabilités de son gouvernement.

Citons quelques passages de ce rapport, qui est un acte d'accusation sobre et douloureux. (Le rapport est adressé « Aux représentants du peuple allemand ».)

« Des convois de déportés (arméniens) qui, à leur départ de la Haute Arménie, comptaient 2 à 3.000 hommes, femmes et enfants, sont réduits à deux ou trois cents à leur arrivée dans le sud. Les hommes sont tués en route, les femmes et les jeunes filles sont violées par les soldats et des officiers turcs, puis elles disparaissent dans les villages turcs et kurdes, où elles doivent accepter l'Islam. Le reste des caravanes est décimé par la faim et la soif.

« En face de notre école se trouvant, dans un Khan, les restes d'une de ces colonnes de déportés, environ 400 êtres émaciés, parmi lesquels une centaine d'enfants de 5 à 7 ans. La plupart sont malades du typhus et de la dysenterie. Si l'on entre dans la cour, on croit entrer dans une maison de fous.

« Comment nous, instituteurs, pouvons-nous

lire avec nos élèves nos contes allemands, ou étudier dans la Bible l'histoire du bon Samaritain ?.. Notre travail est une insulte à la morale, et la négation est toute sensibilité humaine...

« On traque ces malheureux d'endroit en endroit, jusqu'à ce que des milliers soient réduits à des centaines et des centaines à une petite troupe, et cette petite troupe on la chasse encore jusqu'à ce qu'elle n'existe plus.

« *Ta alim el aleman !* », « C'est l'enseignement des Allemands », dit le simple turc, lorsqu'on lui demande quel est l'instigateur de ces forfaits... — Dans les mosquées, les mollahs disent que ce n'est pas la Porte qui a ordonné les cruautés envers les Arméniens et leur extermination, mais les officiers allemands... —

« Nous savons que l'Ambassade allemande à Constantinople a été renseignée sur tout par les consuls.

« Nous devons cesser d'envoyer des maîtres d'école en Turquie, et nous, maîtres, nous devons cesser de parler à nos élèves des poètes et des philosophes de l'Allemagne, de la culture allemande, de l'idéal allemand, et ne plus rien dire du christianisme allemand !

« Ce que nous voyions à Alep n'était que le dernier acte de la grande tragédie, une petite partie de l'horreur qui régnait dans les autres parties de la Turquie. Les ingénieurs du chemin de fer de Bagdad, en rentrant de leurs voyages, des voyageurs allemands qui avaient rencontré sur leur route les caravanes de déportés, apportaient des récits beaucoup plus affreux. Plusieurs d'entr'eux ne pouvaient pas manger, tellement ils étaient frappés d'horreur.

« L'un d'eux (M. Greif, Alep) racontait que le long de la chaussée du chemin de fer vers Tell Abiad et Ras ul Ain, des cadavres nus de femmes violées étaient étendus en masse. Un autre (M. Spiecker, Alep) avait vu les Turcs attacher ensemble des hommes arméniens, tirer dans le tas des coups de fusils et s'éloigner en riant, tandis que leurs victimes mouraient lentement dans d'horribles convulsions. A d'autres, on avait attaché les mains derrière le dos et on les faisait rouler le long des pentes escarpées ; au bas se trouvaient des femmes qui les achevaient à coups de couteaux. Un ecclésiastique protestant, qui nous avait reçus bien cordialement chez lui, mon collègue Graeter et moi, pendant un de nos voyages avait eu les ongles arrachés.

« Le consul allemand de Mossoul raconta en ma

présence, au casino allemand d'Alep, qu'en venant de Mossoul à Alep, il avait vu en plusieurs endroits de la route, tant de mains d'enfants coupées qu'on aurait pu en paver la route. A l'hôpital allemand d'Urfa, se trouve une petite fille qui a eu les deux mains coupées. M. Holstein, consul allemand de Mossoul, a vu près d'un village arabe, voisin d'Alep, des fosses remplies de cadavres arméniens. Les Arabes du village lui racontèrent qu'ils avaient tué ces Arméniens par ordre du gouvernement. Un d'eux se glorifiait d'en avoir massacré huit.

« Dans beaucoup de maisons d'Alep, qui étaient habitées par des chrétiens, je trouvais cachées des jeunes filles arméniennes qui, par quelque hasard, avaient échappé à la mort, soit qu'épuisées elles se fussent arrêtées en route et eussent été laissées pour mortes lorsque le convoi avait repris sa marche, soit que des Européens aient eu l'occasion de les acheter pour quelques marks au soldat turc qui les avait déshonoré en dernier. Presque toutes sont comme folles. Beaucoup ont vu les Turcs couper la gorge à leurs parents. Je connais de ces pauvres êtres dont, pendant des mois, on n'a pu tirer une parole et que rien ne peut faire sourire maintenant. Une jeune fille de 14 ans a été recueillie par le chef de magasin de la Bagdadbank à Alep, M. Krause. Elle avait été possédée pendant une nuit par tant de soldats turcs qu'elle avait perdu la raison. Je la voyais les lèvres brûlantes, s'agiter follement sur son lit et j'eus beaucoup de peine à lui faire boire un peu d'eau.

« Un Allemand que je connais vit près d'Urfa des centaines de paysannes chrétiennes, obligées par des soldats turcs de se mettre nues et, à la joie des soldats, elles durent pendant des jours marcher ainsi à travers le désert par 40 degrés de chaleur : leur peau était totalement brûlée. Un autre a vu un Turc arracher l'enfant qu'une mère arménienne portait encore dans son sein et l'écraser contre la paroi.

« D'autres faits, pires encore que les exemples que nous donnons, sont consignés dans les nombreux récits des consuls allemands d'Alexandrette, Alep et Mossoul, qui ont été envoyés à l'Ambassade. L'opinion des consuls est qu'un million d'Arméniens ont péri dans les massacres de ces derniers mois, la moitié au moins sont des femmes et des enfants, tués ou morts de faim ».

J'ai été envoyé il y a trois ans par l'Office des Affaires Etrangères comme maître supérieur à l'école allemande d'Alep. Le collège provincial de Magdeburg m'a assigné à mon départ comme devoir spécial de me montrer digne de la confiance que l'on me témoignait en me remettant ces fonctions. Je ne remplirais pas mon devoir de fonctionnaire allemand et de représentant attitré de la culture allemande si, en présence des hontes dont j'ai été témoin, je me taisais, si je voyais sans agir les élèves qui me sont confiés être chassés dans le désert et mourir de faim.

. . . .

Nous, maîtres d'école, qui avons pendant des années instruit en Turquie des Grecs, des Arméniens, des Arabes, des Turcs, nous ne pouvons pas porter un jugement autre que de déclarer que parmi tous nos élèves, les Turcs sont les moins désireux d'apprendre et les plus incapables. Quand on apprend qu'un Turc arrive a quelque chose on peut dans neuf cas sur dix être sûr qu'il s'agit d'un Tcherkesse, d'un Albanais ou d'un Turc qui a du sang bulgare dans les veines. Mes expériences personnelles m'ont convaincu que les Turcs proprement dits ne feront jamais rien en fait de commerce, d'industrie et de science.

. . . .

Les journaux allemands nous entretiennent de la soif d'instruction des Turcs pleins de zèle pour apprendre l'allemand, il parlent même de cours d'allemand pour adultes qui seraient institués en Turquie. Certainement ils ont été institués, mais avec quel résultat? On nous dit qu'un cours de langue dans une école réale a commencé avec quinze maîtres d'école turcs comme élèves. Mais on oublie d'ajouter qu'après quatre leçons, il en restait six ; après cinq leçons, cinq ; après six leçons, quatre; après sept leçons, trois, en sorte que par suite de l'indolence de ces élèves, le cours cessa au bout de huit leçons, n'ayant pour ainsi dire pas commencé. Si les élèves avaient été des Arméniens, ils auraient tenu bon jusqu'au bout de l'année scolaire, étudié consciencieusement et finalement auraient à peu près su l'allemand.

XIV

La Résistance des Arméniens

Dans plusieurs régions de la Cilicie et de la Grande Arménie, la population arménienne ayant quelques armes et des munitions, s'opposa à la déportation et aux massacres. Des combats sanglants eurent lieu entre Arméniens et Turcs à Zeïtoun, à Orfa, à Djebel-Moussa, à Van, à Chatak, etc. Les Turcs traitèrent d'insurgés ces Arméniens en état de légitime défense et presque partout la « résistance fut noyée dans le sang. »

A Djebel-Moussa (littoral de Cilicie) 5.000 Arméniens, retranchés dans les hauteurs montagneuses, résistèrent pendant de longs mois aux assauts des troupes turques, jusqu'à ce qu'une escadre française, passant par hasard près du littoral, vint recueillir les insurgés et les sauver de la pire des catastrophes.

A Van, la résistance arménienne prit le caractère d'une véritable épopée. La grande cité arménienne fut assiégée durant un mois par les troupes turques qui la bombardaient sans cesse, en demandant la capitulation. La lutte fut acharnée et les pertes grandes de part et d'autre. Les Arméniens, hommes, femmes, toutes les classes, tous les partis, réunis dans une union sacrée, résistèrent héroïquement aux assauts de l'ennemi, jusqu'à l'arrivée des volontaires arméniens du Caucase et des troupes russes qui libérèrent Van. Ainsi la plus grande partie de la population de cette ville et du vilayet fut sauvée et alla se réfugier au Caucase.

Le Gouvernement de Talaat Bey cria naturellement à « l'insurrection arménienne ». Nul ne le croira. Comme à Zeïtoun, à Mouch, à Chapine-Karabissar, comme partout ailleurs, de même à Van, les chefs arméniens avaient épuisé tous les moyens pacifiques, avaient fait tout leur possible pour éviter un conflit avec les autorités, qui eût des conséquences fatales.

C'est encore le témoignage d'un neutre. C'est le missionnaire en chef américain, M. Yarrow qui se trouvait à Van pendant l'orage et qui en a publié un récit.

Van est une des plus belles villes de l'Arménie, pleine de vignes et de jardins, située au bord d'un des plus beaux lacs du monde, dont l'étendue est six fois plus grande que celle du lac de Genève. La ville est entourée de sites merveilleux, couverte d'arbres ; elle est dominée par la vieille forteresse, construite sur les rochers. La population (avant la guerre) étaient de 50.000 âmes dont 3/5 d'Arméniens et 2/5 de Turcs. Les Arméniens habitent un quartier isolé, l'Aïguestan (vignoble), ainsi nommé parce que chaque maison a sa vigne et son jardin.

M. Yarrow donne un tableau vivant de la ville, des chefs arméniens, de leurs pourparlers avec l'ennemi, du conflit et du cours de la bataille.

Nous n'en donnons qu'un succinct résumé :

« Les trois chefs arméniens possédaient la confiance et l'estime du peuple ; c'étaient *Vramian*, député de Van à la Chambre ottomane, *Ichkhan*, militaire expérimenté et *Aram*.

« Pendant la mobilisation les Arméniens furent assez maltraités, les riches furent ruinés et le reste du peuple fut dépouillé de tout.

« La moitié des soldats arméniens mobilisés périrent par suite des mauvais traitements, de travaux pénibles et malsains. Ils furent ensuite désarmés et soumis au caprice des soldats musulmans.

« Nous avions le sentiment qu'un conflit éclaterait bientôt.

« La politique des chefs arméniens était très prudente et modérée. Ils surveillaient la jeunesse dangereuse, se promenaient dans les rues pour empêcher les incidents regrettables, exhortaient le peuple à la patience, en lui faisant comprendre qu'il vaut mieux se résigner à voir quelques villages incendiés, que d'exposer tout le peuple au massacre.

« A ce moment Djevdet Bey, beau-frère d'Enver Pacha fut nommé gouverneur (vali) du vilayet de Van. Les nuages s'amoncelaient à l'horizon, l'orage ne tarderait pas à éclater...

« Survint l'incident de Chatakh (district armé-
« nien.) Ce fut d'abord une simple rencontre entre
« Turcs et Arméniens, qui dégénéra en une véri-
« table bataille. Djevdet Bey vint prier le chef
« arménien Ichkhan d'user de son influence sur la
« foule pour faire cesser les désordres. Et pendant
« que le chef et ses trois amis se rendaient sur
« les lieux, ils furent traîtreusement assassinés sur
« l'ordre du vali.

« Ce fait se passa le 3 avril (1915). Le lendemain, le gouverneur fit demander Vramian (1) pour le consulter, disait-il, mais en réalité pour le garder.

---

(1) Vramian, député arménien, fut aussi assassiné. Le guet-apens avait été habilement organisé par le Vali qui n'agissait que sur les instructions du Gouvernement de Constantinople. Avant de procéder à la déportation et aux massacres de 300.000 Arméniens du vilayet, il fallait se débarrasser des chefs influents. On voulait couper la tête au peuple arménien avant d'en fracasser les membres. Ichkhan allait, sur la demande même du Djevdet Bey, prêcher le calme dans un district où les provocations et les atrocités des gendarmes turcs avaient provoqué une vive effervescence parmi les paysans arméniens. Mais en route le chef populaire et ses trois camarades tombèrent victimes des machinations du Vali. Le lendemain Vramian « disparut » également. Aram allait suivre ses compagnons d'armes sur le chemin de la mort. Tous ils étaient des représentants de ce parti *Daschnakzoutioum*, qui avait tant travaillé de concert avec la Jeune Turquie à la pacification et à la régénération de l'Empire... Aram allait être saisi à son tour, lorsque l'orage éclata; et, seul chef survivant, il se mit à la tête de l'organisation de la défense nationale, qui déjoua les plans de l'ennemi et, après trente journées de résistance vraiment héroïque,

Ces faits étaient plus que suffisants pour enlever toute confiance aux chefs des partis...

« Mardi, 7 avril, quelques soldats turcs attaquèrent une femme arménienne qu'ils essayaient de violenter. Elle appela au secours. Deux soldats arméniens ayant entendu ses cris, accoururent pour délivrer la victime ; les Turcs les tuèrent sur place.

« Cet incident fut le signal des hostilités. A chaque instant on entendait des coups de fusil. Pendant la nuit, plusieurs incendies furent allumés. Le siège de Van commençait ».

« La population arménienne, bloquée par l'enne-

---

réussit à chasser les troupes turques. Lorsque les volontaires arméniens du Caucase, suivis par les troupes du général N[illegible]f, entrèrent à Van, la capitale du Vaspourakan était dé[illegible]uvée. Un gouvernement arménien se constitua, avec *Aram* comme Gouverneur général. Malheureusement la joie de la population arménienne fut de courte durée. Le bruit couru bientôt que les Turcs revenaient à la charge avec des forces supérieures. Ce n'était qu'une fausse alarme. L'armée russe abandonna Van et les centaines de mille Arméniens de Vaspourakan, en proie à la plus effroyable panique, se dirigèrent dans une fuite précipitée vers les frontières caucasiennes. Une cinquantaine de mille moururent en route et dans la province d'Erivan, par suite de l'épuisement et de maladies épidémiques.

La retraite russe eut, en outre, pour conséquence, la ruine complète de Mouch, de Sassoun et d'autres régions de l'Arménie turque, où les hordes barbares, encouragées par la reprise de Van, commirent de pires atrocités. Des centaines de villages arméniens furent ravagés et incendiés ; des dizaines de mille d'habitants périrent dans les flammes ou sous le coup de yatagan. Van fut, depuis, trois fois reprise et évacuée par les Russes.

mi, était défendue par 80 positions fortifiées, sans compter les maisons, les barricades, les murs et les tranchées, où l'on avait organisé des postes de défense. On comptait 1.500 combattants bien exercés, mais mal armés. Plusieurs n'avaient que des pistolets et l'on avait très peu de munitions ».

« On se mit à préparer des balles et des douilles, à peu près 2.000 par jour. On fabriquait aussi des obus pour trois canons. Le moral du peuple était excellent; chacun était heureux de contribuer à la défense nationale et fier de tenir l'ennemi à distance des quartiers arméniens.

« Jamais les Arméniens n'ont pris l'offensive; ils étaient inférieurs en nombre et très mal armés. Ils se battaient pour défendre leurs foyers, leur honneur, leur vie. Aussi nos sympathies allaient-elles naturellement à eux.

« Ce ne fut que deux semaines plus tard que nous pûmes avoir des nouvelles de la ville. Elle résistait encore. Elle avait conservé toutes ses positions, en dépit des attaques formidables de l'ennemi. Les Arméniens s'étaient même emparés de plusieurs établissements turcs. L'ennemi avait tiré sur la ville 1.600 coups de canon.. Chacun pensait que si Djevdet était vainqueur, aucun Arménien ne serait épargné.

« Le 3 mai, les Arméniens s'emparèrent des casernes et les incendièrent. Ils se rendirent ainsi maîtres de toutes les positions turques autour de la ville. Les Turcs commencèrent leur retraite.

« Arrivent les volontaires arméniens du Caucase. Ils amenaient avec eux un millier de femmes et d'enfants turcs qu'ils avaient recueillis sur le chemin; ils nous les confièrent. Ce fait, mieux que tout ce qu'on pourrait raconter, montre bien la mentalité de ce peuple. Ces volontaires connaissaient parfaitement les atrocités commises par les Turcs dans les villages arméniens... »

XV

L'Avenir

Le peuple arménien a survécu aux terribles calamités de son histoire. Après les guerres longues et ruineuses contre les Perses et les Romains, après les invasions des Arabes, des Seldjoukides, des Mongols et des Turcs qui passaient comme des ouragans sur le pays arménien, anéantissant successivement la fleur de la nation; après l'effroyable saignée opérée par Abdul-Hamid en 1895-96 ; après les hécatombes d'Adana, l'Arménie fut livrée durant cette guerre mondiale à la plus féroce et la plus horrible des barbaries. La langue humaine est incapable de rendre même une millième partie de ces horreurs. Le pays fut dévasté d'un bout à l'autre, le sang coula à flot.

Mais ni les invasions des Tamerlans, avec les scènes perpétuelles de carnage et de désolation, ni l'infernal génie d'un Abdul-Hamid, proclamant que la meilleure façon de résoudre la question arménienne était la suppression des Arméniens, ni la fureur de la horde méthodiquement sanguinaire des Talaat et des Enver, n'ont pu briser l'élan et la puissante vitalité de la race arménienne.

On ne tue pas une nation qui a acquis la conscience de ses droits et qui a un passé historique vingt fois séculaire. « L'Arménie triomphera, — rappelons-nous les belles paroles d'Emilio Castellar, l'ancien président de la République Espagnole, — l'Arménie triomphera comme toutes les nations qui ont eu des apôtres, des héros et des martyrs ».

Une fois encore, pareille au légendaire Phénix, la nation haïcane renaîtra des cendres du gigantesque bûcher. Elle vivra, parce qu'elle est arrivée a un tournant décisif de sa tragique histoire, à un moment où une commotion immense secoue l'humanité toute entière, où nous assistons à l'enfantement d'un monde nouveau au milieu des convulsions formidables d'une crise universelle.

Lorsque les Puissances de l'Entente proclament hautement que le *principe des nationalités* est à la base de la guerre, lorsque la Grande République Transatlantique, elle aussi, entre en lice au nom des mêmes intérêts des nationalités subjuguées, lorsque enfin la Révolution Russe, renonçant à toute conquête, préconise la création d'un régime assurant à tous les peuples leur libre développement, il est impossible qu'on oublie le plus grand martyr de l'histoire, le peuple qui a fait tant de sacrifices au Moloch de la guerre et à la cause de la civilisation.

Il faudra bien tenir compte des aspirations nationales des Arméniens. Celles-ci tendent à la création d'une *Arménie autonome,* protégée par les Puissances. Tel paraît-être le vœu des démocrates et des socialistes russes, même des anti-annexionistes. Car, comme le déclaraient récemment Branting et Vandervelde, le fait de renoncer aux annexions ne veut point dire qu'on tient au rétablissement du *statu quo ante bellum*. Délivrer l'Arménie de la Turquie, ne serait pas annexer, mais *désannexer*.

L'Arménie autonome, selon le vœu unanime de tous les Arméniens, engloberait les six vilayets d'Erzeroum, Van, Bitlis, Sivas, Kharpout, Diarbékir et la Cilicie.

Cette vaste région dont le territoire est à peu près égal à la moitié de celui de la France, est aujourd'hui presque déserte. Un grand nombre de Musulmans, Kurdes et Turcs, se sont retirés à la suite des progrès russes, vers le Kurdistan et l'Anatolie, tandis que la population arménienne fut en partie exterminée, en partie déportée en Mésopotamie, ou évacuée au Caucase. Les centaines de milliers d'Arméniens qui se sont réfugiés en Arménie russe, vont rentrer dans leurs foyers, maintenant qu'avec le régime de liberté il n'y a plus d'obstacle à leur rapatriement. D'autres centaines de mille vivent en ce moment à Constantinople, à Smyrne, en Anatolie et dans les déserts arabiques. Il y a enfin la vaste Diaspora (dans la seule Amérique du Nord, il y a plus de 100.000 Arméniens), qui n'attend que la libération de la Patrie pour y rejeter une grande partie de sa population.

N'oublions pas que la Grèce n'avait guère plus de 400.000 habitants aux jours de la fondation du Royaume Grec ; de même, les Serbes et les Bulgares n'étaient qu'au nombre de 6 à 700.000 lors de la création de la Serbie et de la Bulgarie indépendantes.

N'oublions pas surtout d'envisager avec le problème de la quantité celui de la *qualité* ou du degré de civilisation. Les Arméniens ont eu et auront toujours la supériorité en maturité politique et en culture générale sur leurs voisins musulmans qui représentent, malheureusement, un degré trop inférieur de civilisation. Il suffit de mentionner qu'avant la guerre les 2.000.000 Arméniens avaient entre leurs mains la plus grande partie du commerce de l'Empire Ottoman, qui compte plus de 20.000.000 d'habitants. Il en est de même au Caucase où les Arméniens ne représentent qu'un septième de la population totale (2.000.000 sur 14.000.000).

Encore une fois, nous ne saurions mieux faire que d'apporter le témoignage et les appréciations d'un observateur étranger. Voici en quels termes s'exprime *Paul Rohrbach*, le voyageur allemand bien connu, dans un article intitulé : « Les Arméniens comme facteur politique et élément de civilisation en Orient » (1). Nous le citons textuellement : « Dans la Turquie d'aujourd'hui, réduite « presque uniquement à ses possessions d'Asie, les « Arméniens signifient beaucoup plus que ce que « leur nombre à lui seul laisse entrevoir. Ils sont « sans aucun doute, tant au point de vue intellectuel « que matériel, l'élément le plus actif parmi tous « les peuples orientaux. On peut même dire qu'ils « constituent dans ce milieu le seul peuple qui ait « des qualités nationales innées. »

« L'Arménien est doué d'une énergie et d'une « ténacité qui sont en contradiction avec tout ce « qu'on a coutume de considérer comme caractère « oriental. »

« Un exemple de leur singulière tournure d'es« prit nous apparaît d'abord dans l'introduction « du christianisme au milieu de ce peuple. L'Ar« ménie est le premier pays où le christianisme « obtint la place de religion d'Etat, ou religion « nationale. L'introduction eut lieu de haut en bas, « avec le concours de la noblesse héréditaire et en « un laps de temps relativement court, la nouvelle « religion devint le bien du peuple et le peuple l'a « conservée jusqu'à aujourd'hui avec la plus gran« de ténacité. »

(1) Publié dans la Revue « Mesrop » juillet-août 1914.

« Il est tout aussi digne de remarque que les Ar-
« méniens ont montré la plus grande force de ré-
« sistance nationale contre la turquisation et
« l'arabisation (Turkisierung und Arabisierung).

« La ténacité avec laquelle la langue arménien-
« ne s'est conservée, sera justement appréciée si
« par exemple nous la mettons en opposition avec
« le fait que la langue grecque a dominé autrefois
« dans toute l'Asie Mineure, même à l'intérieur,
« tandis qu'aujourd'hui les derniers restes de chré-
« tiens grecs qui se trouvent encore dans les ré-
« gions centrales de la presqu'île, parlent le turc.
« Indépendamment de ces débris perdus pour
« l'hellénisme au point de vue de la langue, le Grec
« a reculé en Anatolie jusqu'aux côtes occidentales
« les plus éloignées où il reste en contact avec
« l'hellénisme européen. »

« De même en Syrie et dans les régions de l'Eu-
« phrate, l'Araméen qu'on y parlait autrefois, a été
« complètement supplanté par l'Arabe ; et si l'on
« peut objecter à cela que ces deux langues étaient
« très apparentées, on ne peut certainement pas
« l'affirmer pour l'Egypte ».

« Nous voyons donc chez les Arméniens une
« énergie psychique considérablement plus grande
« que chez les autres peuples de l'Orient, dans

« leur attachement à tout ce qui leur est acquis « en fait de religion ou de langue ».

« C'est dans le haut plateau d'Arménie qu'ha- « bite le noyau du peuple et c'est là qu'on « apprend à connaître ce qu'est au fond l'Armé- « nien : le paysan tenace, sobre et infatiguable. « Leur activité extraordinaire pousse les Armé- « niens en dehors des étroites limites de leur « Patrie, vers les pays où un champ d'activité plus « vaste les attirent ».

« De tout temps les Arméniens se sont bien « battus et ont conservé mieux que tous les autres « Orientaux leurs qualités martiales. Nous rencon- « trons des soldats et des officiers arméniens parmi « les troupes avec lesquelles les généraux de Justi- « nien abattaient les Ostrogoths en Italie. Une dy- « nastie arménienne est même arrivée à travers les « dignités militaires à occuper le trône Impérial « de Constantinople. »

« Il est tout à fait frappant de voir la forte pré- « dominance des Arméniens dans toute la vie « économique de la Turquie d'Asie, en dehors des « régions de langues arabes. Même en Syrie et dans « les régions de l'Euphrate, il y a des commer- « çants arméniens, mais là ils ne se trouvent pas « en aussi grand nombre qu'en Anatolie. On a

« tenté (peu avant la guerre) dans quelques pro-
« vinces turques d'établir à l'aide des chiffres dans
« quelles proportions l'élément arménien est repré-
« senté dans chaque profession, par rapport aux
« populations non arméniennes. Dans le vilayet de
« *Sivas*, où les Arméniens sont une forte minorité,
« le nombre de gros commerçants était de 141
« contre treize Turcs et 12 Grecs. Il y avait 6.800
« petits commerçants et ouvriers arméniens contre
« 2.550 Turcs et 450 Grecs. Exportateurs 127
« Arméniens et 23 Turcs. Dans les industriels 130
« Arméniens, 20 Turcs et 3 grecs.

« Dans le vilayet de Van, où les Arméniens
« sont représentés dans la proportion la plus
« plus forte en Turquie d'Asie, mais qui grâce à la
« délimitation actuelle des provinces, ne forment
« toujours pas la majorité absolue, ils tiennent
« entre leurs mains les 98 0/0 du commerce, les
« 80 0/0 de l'agriculture. Les orfèvres, graveurs,
« fabricants de meubles, tailleurs, cordonniers, ar-
« chictectes, charpentiers, maçons, forgerons sont
« tous Arméniens. Les professions libérales, méde-
« cins, juristes, pharmaciens, sont également ar-
« méniens. Il en est de même dans d'autres régions !

« On peut dire sans exagération que non seule-
« ment dans l'Arménie proprement dite, mais aussi

« bien loin au delà, *la vie économique de la Turquie* « *repose en grande partie sur les Arméniens.* Et « ce n'est nullement par un singulier manque de « scrupule dans les affaires et l'âpreté au gain que « les Arméniens acquièrent cette haute position, « mais par leur capacité innée de travail ! »

« Quiconque a vécu, comme moi, quatre années durant parmi ce peuple, sait qu'il est laborieux, doué de sens et de zèle et qu'il peut passer pour la race de toute l'Asie antérieure la plus capable (die tüchtigste) et la plus apte à la civilisation. Grâce à leurs capacités et à leur intelligence, les Arméniens arrivent aux plus hautes positions ; et naguère encore la presse de Constantinople émettait l'opinion que les deux Ministères de Noradounghian et de Haladjian avaient été les seuls où l'on eût réellement fait du travail. »

« L'activité de l'élément arménien apparaît aussi sur le terrain de l'instruction populaire et de l'organisation des écoles. Les écoles arméniennes sont nombreuses et meilleures que celles de toute autre nationalité en Turquie; et, ce qui devait être particulièrement apprécié, elles sont construites avec les seules offrandes volontaires, non seulement de riches arméniens, mais aussi de beaucoup de personnes du petit peuple et de pauvres communes. Déjà en 1903, l'on comptait en Turquie 818 écoles arméniennes, avec plus de 82.000 écoliers et écolières. Ces écoles sont sous la dépendance du Patriarcat de Constantinople ; à ce nombre il faut ajouter les écoles des Arméniens catholiques et protestants, ainsi que les écoles privées. Dans la seule Arménie turque, c'est-à-dire dans les six vilayets et la Cilicie, il y a sur le nombre sus-indiqué 585 écoles arméniennes, avec 52.000 élèves. Par contre dans la même région il n'y a que 150 écoles turques avec environ 17.000 élèves. »

« Dans les écoles arméniennes on enseigne aussi « à parler et à écrire en turc. La conséquence de « cet état de l'instruction, ainsi que de l'activité « psychique générale et surtout de leur assiduité « au travail crée le nombre relativement élevé « des employés arméniens dans l'administration « turque... Ces employés sont si nombreux et sur « eux repose une partie tellement grande du « travail à fournir, que sans eux la machine de « l'Etat serait absolument arrêté ».

Telle est la place du peuple arménien en Orient, caractérisée par un des plus ardents champions du *Drang nach Osten*, par le Dr. Rohrbach, qui ne serait suspect de partialité qu'en faveur des

Turcs. Nous trouvons des avis analogues chez presque tous les voyageurs européens et américains qui ont séjourné avant la guerre en Turquie et en Arménie.

Déjà la presse allemande, qui n'a pas exprimé le moindre blâme à l'adresse des assassins de la race arménienne annonce avec douleur les pertes immenses qu'a subies la Turquie à la suite des déportations ou des massacres du plus précieux élément de l'Empire.

La Némésis s'est déjà mise à l'œuvre et ne tardera pas à prononcer son accablant verdict... Ou il y a une justice immanente dans ce monde, ou la civilisation n'est qu'un mot vide de sens. La juste réparation se fera, espérons-le, bientôt et les Puissances qui, il y a quarante ans, ont pris à Berlin l'engagement solennel à l'égard des Arméniens et qui, de ce fait même, portent une lourde responsabilité dans l'atroce martyre arménien, ces Puissances feront enfin leur devoir après la guerre libératrice. L'Arménie sera arrachée au joug des ennemis du genre humain, elle reprendra sa place honorable parmi les peuples de l'Asie et, sous un régime de liberté, retrouvera sa gloire et sa prospérité de jadis.

TABLE DES MATIÈRES

Laval, Imprimerie Moderne, G. KAVANAGH et Cie.

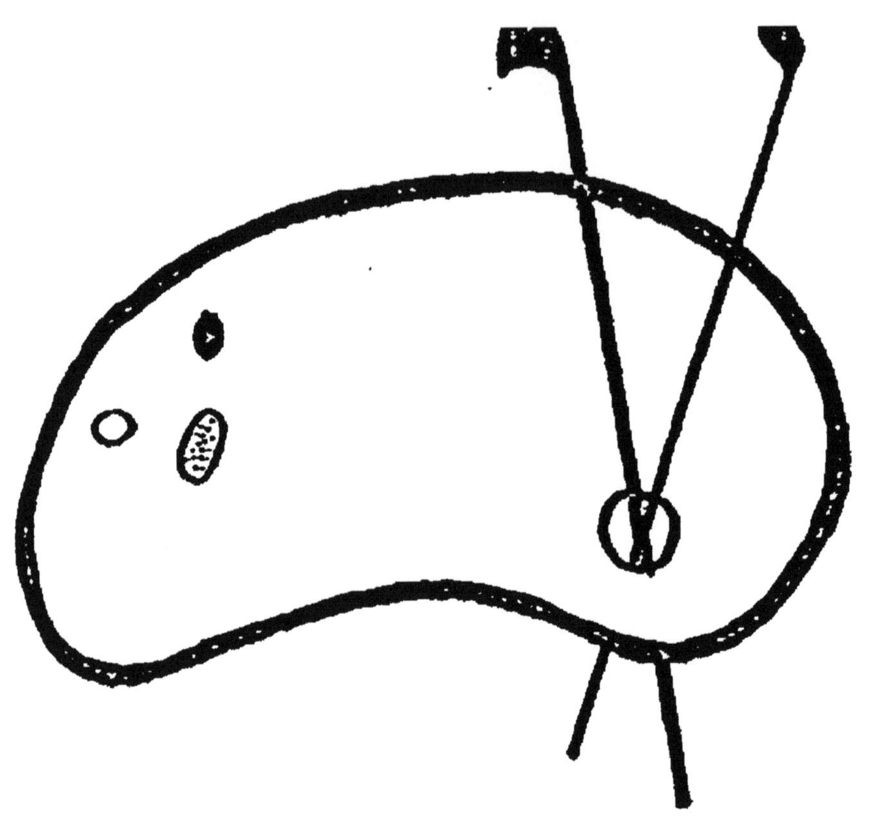

www.ingramcontent.com/pod-product-compliance
Ingram Content Group UK Ltd.
Pitfield, Milton Keynes, MK11 3LW, UK
UKHW020322250726
13967UKWH00004B/1808

9 782012 941540